조선은 어딘가?

진(震),
예맥만융(濊貊蠻戎)이 만들어 간
동북아 역사 둘러보기

조선은 어딘가?
진(震), 예맥만융(濊貊蠻戎)이 만들어 간 동북아 역사 둘러보기

초판 1쇄 발행 2024년 9월 30일

지은이 이상훈, 이정원, 이완희, 홍묘숙
펴낸이 장길수
펴낸곳 지식과감성#
출판등록 제2012-000081호

교정 한장희
디자인 이현
편집 이현
검수 김지원
마케팅 김윤길, 정은혜

주소 서울시 금천구 벚꽃로298 대륭포스트타워6차 1212호
전화 070-4651-3730~4
팩스 070-4325-7006
이메일 ksbookup@naver.com
홈페이지 www.knsbookup.com

ISBN 979-11-392-2122-0(93910)
값 28,000원

· 이 책의 판권은 지은이에게 있습니다.
· 이 책 내용의 전부 또는 일부를 재사용하려면 반드시 지은이의 서면 동의를 받아야 합니다.
· 잘못된 책은 구입하신 곳에서 바꾸어 드립니다.

지식과감성#
홈페이지 바로가기

조선은 어딘가?

진(震),
예맥만융(濊貊蠻戎)이 만들어 간
동북아 역사 둘러보기

이상훈, 이정원, 이완희, 홍묘숙 지음

목차

책머리에 · 10
총론 · 11

1권 맥(貊)

1. 맥(貊) · 18
2. 환국(桓國, BC7197~BC3897) · 19
   2.1 백두산 흑요석(黑曜石) · 20
   2.2 수암(岫岩) 옥기(玉器) · 21
3. 홍산문화 · 23
   3.1 홍산전기 · 23
   3.2 홍산후기 · 24
      3.2.1 환웅 – 홍산 정복 전쟁 · 24
4. 동이(東夷) 숙신(肅慎) · 26
5. 여진(女眞) | 금(金) · 27
6. 청(淸) · 28

2권 예(濊)

1. 예(濊) · 32
2. 월지(月支, Yuezhi) · 33
3. 켈트 · 34
   3.1 켈트 – 배달국 전쟁 · 36
4. 동이(東夷) 래이(萊夷) | 래국(萊國) · 39
5. 상(商) · 44
6. 부여(扶餘) · 46
   6.1 동명부여(東明扶餘) · 46
   6.2 동부여(東扶餘) · 48
   6.3 북부여(北夫餘) · 50
   6.4 북부여 부유현으로 · 51
   6.5 북부여 볼가강으로 · 52
   6.6 한(韓, Huns) 국(國)〈Atilla the Hun〉· 53
   6.7 두막루(豆莫婁) 부여 · 55

7. 부연(夫燕) · 56
    7.1 연(燕) 소왕 <진개> – 조선(朝鮮) & 동호(東胡) 전쟁 · 57
8. 위(衛) · 59

3권 융(戎)

1. 융(戎) | 오손(烏孫) | 귀방(鬼方) · 62
2. 맥(貊) · 63
3. 진(震) · 64
4. 조선(朝鮮) · 68

4권 예맥조선(穢貊朝鮮)

1. 기자조선(箕子朝鮮) · 72
2. 진(晉) · 73
3. 정(鄭) · 74
4. 한(韓) · 75
5. 위만 조선 · 76
    5.1 조선 우거왕 – 한 무제 왕검성 전투 · 79
6. 마한(馬韓) | 한왕(韓王) · 80
7. 진(辰) | 진한(辰韓)(BC222년~BC195년~BC86년~BC57년) · 81
8. 변한(弁韓)(BC86년~BC39년~AD42년) · 82

5권 융예맥(戎濊貊)

1. 융적(戎狄) | 흉노(匈奴) · 86
    1.1 흉노(匈奴) 묵돌선우(冒頓單于) – 한(漢) 유방 백등산 전투 · 87
    1.2 흉노(匈奴) 묵돌선우(冒頓單于) – 토하라족 서역 26개국 전쟁 · 88
2. 신라(新羅) · 89
    2.1 신라<계림>(탈해이사금) – 백제(다루왕) 와산성 전투 | 계림(鷄林) · 91
    2.2 신라 (파사이사금) – 금관국 (수로왕) 마두성(馬頭城) 전투 · 92
    2.3 신라 (지마이사금) – 금관국 수로왕 황산하(黃山河) 전투 · 93
    2.4 신라(아달라이사금) – 백제 초고왕 한수(漢水) 전투 · 94
    2.5 신라 – 백제 항성 · 95
    2.6 신라(진평왕) – 고구려(영양왕)<온달> 아단성 전투 · 96
    2.7 {신라(무열왕)<김유신>+당(고종)<소정방>} – 백제(의자왕) 전쟁 · 97
    2.8 {당+신라} – {백제 부흥군+왜} 백강구 전투 · 98

3. 고구려(高句麗)·100
    3.1 고구려 건국 졸본 & 평요·100
    3.2 고구려 산산왕 왕후 우씨(于氏)·106
    3.3 고구려(동천왕) – 위(조방) <관구검> 환도산성 전투·107
    3.4 고구려(미천왕) – {낙랑+대방} 정복·108
    3.5 고구려(고국원왕) – 전연(모용황) 2차 환도산성 전투·109
    3.6 고구려(고국원왕) – 백제(근초고왕) 동황성 전투·110
    3.7 고구려(소수림왕) – 백제(근초고왕) 수곡성 전투·111
    3.8 고구려(소수림왕) – 백제(근구수왕) 국내성 전투·112
    3.9 고구려(광개토태왕) – 백제(아신왕) 한성 전투·113
    3.10 고구려(광개토태왕)–왜 신라성 회복 전쟁·114
    3.11 고구려(광개토태왕)–동부여 여성(餘城) 토벌·115
    3.12 고구려(장수왕) – 백제(개로왕) 한성 전투·116
    3.13 고구려(보장왕) – 당(고종) 장안성 전투<해상 침공>·117
    3.14 고구려 보정왕 연남건(淵男建) – 당 고종 설인귀 부여성 전쟁·118
    3.15 {당(고종)+신라(문무왕)} – 고구려(보장왕)전쟁·119
    3.16 동방왕조 | 기사 호궤(胡跪)·120
    3.17 고구려 도읍도(都邑圖)·121
    3.18 천리장성(千里長城)·122

4. 백제(百濟)·123
    4.1 백제(온조)– 낙랑 위례성 전투·123
    4.2 하남 위례성 천도·124
    4.3 백제(온조왕) & 고구려 – 마한 3년 전쟁·126
    4.4 부여 현왕이 근초고왕인가?·127
    4.5 근초고왕 – {왜 가라 탐라<대만>} 정복·128
    4.6 백제 22 담로·129
    4.7 한성(漢城) 정복·131
    4.8 백제(동성왕) – 북위(효문왕) 전쟁·133
    4.9 백제 도성(都城)·134

5. 통일신라(統一新羅)·136
    5.1 신라(문무왕) – 당(고종) 호로하(瓠瀘河) | 평양하(平壤河) 전투·137
    5.2 신라(문무왕) – 당(고종) 매소성 전투·138
    5.3 {신라(헌덕왕) 김웅원+당(헌종) 조공} – 제나라(이사도) 운주 전투·139

6. 복건성 가야·140
    6.1 가락국(駕洛國) | 대가야·140
    6.2 금관가야·141

6권 만융(蠻戎) | 화하(華夏) | 래이(萊夷)+강족(羌族)

1. 화하족(華夏族) · 144
2. 주방(周方) | 주(周) 나라 · 146
    2.1 주(周) 무왕 – 상(商) 제신왕 목야대전(牧野大戰) · 147
    2.2 견융(犬戎) – 주(周) 전쟁 · 148
3. 진(秦) · 149
4. 한(漢) | 오(吳) · 151

7권 예맥(濊貊)선비(鮮卑) | (스)키타이

1. (스)키타이 · 156
2. 4C 거란(契丹) | 히타이트 · 157
3. 선비(鮮卑) · 158
4. 5호 16국 · 159
5. 전연(前燕) · 160
6. 북위(北魏) 탁발부(拓跋部) · 161
7. 북주(北周): 우문선비(宇文鮮卑, Yuwen) · 162
8. 토번(吐蕃) | 탁발부(拓跋部) · 163
9. 수(隋) | 우문부(宇文部) · 164
    9.1 수(문제) – 고구려(영양왕) 살수 전투 · 164
10. 당(唐) | 탁발부(拓跋部) · 165
    10.1 고구려(보장왕)–당나라(태종) 전쟁 · 165
    10.2 당태종 고구려 공격로 & 퇴각로 · 166

8권 예맥(濊貊) 몽고(蒙古)

1. 발해(渤海) | 진국(振國) · 168
    1.1 발해 무왕 – 당 현종 등주(登州) 전투 · 168
    1.2 발해 강왕(康王) – 당 덕종(德宗) 쇄엽성(碎葉城) 전투 · 169
2. 10C 거란(契丹) · 170
3. 몽고(蒙古) · 171
4. 원(元) · 172

9권 남만(南蠻) 마한(馬韓) | 변진한(弁辰韓)

1. 복건성 마한 | 변진한 · 174
2. 복건성 가야 · 176
    2.1 가락국(駕洛國) | 대가야 · 176
    2.2 금관가야 · 177
3. 동이 진출 · 178

10권 남만(南蠻) 왜(倭)

1. 주호국(州胡國) | 왜(倭) · 180
2. 위지왜인전(魏志倭人傳)이 기록한 왜(倭) · 181
3. 신라왜 | 연오랑(延烏郞) 세오녀(細烏女) 설화(說話) · 183
4. 마한왜(馬韓倭) | 대마국(對馬國) · 184
5. 백제왜(百濟倭) | 탐모라(耽牟羅) · 185
    5.1 고구려 광개토태왕 – 백제왜(百濟倭) 임나 종발성(從拔城) · 185
    5.2 임나일본부(任那日本府) · 186
    5.3 신라 진흥왕 – 왜국 흠명(欽明) 임나일본부 궤멸 · 187
6. 탐라국(耽羅國) · 188
7. 고려(高麗) 탐라군(耽羅郡) · 189
8. 백제왜 패망 후 · 190
    8.1 663년 백제왜<탐라, 대만> → 일본 나라현 천도 · 190
    8.2 하내국(河內國) · 191
    8.3 대화왜(大和倭) · 192
    8.4 일본천황국(日本天皇國) 건국 · 193

11권 예맥만융(濊貊蠻戎)

1. 5대 10국 | 후량 개봉(開封) · 196
2. 송(宋) · 197
3. 후삼국 시대(後三國時代, 892년~936년) · 198
    3.1 후백제 <견훤> –고려 <왕건> 전쟁 {나주 전투+공산 전투+고창 전투+대우도 전투+해산성 전투} · 199
    3.2 후백제 견훤 – 고려 왕건 고창 전투 · 202
    3.3 후백제 – 고려 개경 공격 · 203
4. 고려(高麗) · 205
    4.1 경순왕 | 경주(慶州) · 206

4.2 고려 왕건, 견훤 – 후백제 신검 전쟁 · 207

4.3 고려(성종)<서희> – 요(성종)<소손녕> 전쟁 · 208

4.4 천리장성 축성 | 유소 · 209

4.5 동북 9성 축성 | 윤관 · 211

4.6 고려(현종)<강조> – 요(성종) 통주 전투 · 212

4.7 고려(현종)<강감찬> – 요(성종)<소배압> 귀주(龜州) 전투 · 213

4.8 강화도(江華島) | 해문도 | 탐라 · 214

4.9 원 – 고려 화주 쌍성총관부(雙城摠管府) 설치 · 216

4.10 원 – 고려 동녕총관부 설치 · 217

4.11 서경 동녕총관부 & 탐라총관부 수복 · 218

4.12 고려 충선왕이 원 심양왕이 된다 · 219

4.13 {고려(공민왕)+원(순제)} – 홍건군 장사성 고우성 전투 · 220

4.14 고려 공민왕 이자춘 – 원 순제 쌍성총관부(雙城摠管府) 수복 · 221

4.15 고려(공민왕) 이성계 – 원(순제) 나하추 쌍성(雙城) 전쟁 · 222

5. 명(明) | 오(吳) · 223

5.1 홍건군 – 고려(공민왕) 서경(西京) 전쟁 · 223

5.2 홍건군(주원장) – 고려(공민왕) 개경 탈환 전쟁 · 224

5.3 홍건군 주원장 – 원 순제 대도 전쟁 · 225

6. 개성(開城) 고려(高麗) · 226

6.1 역사 격변기 · 226

6.2 개성 고려 공민왕 이인임, 이성계 – 원 혜종(惠宗) 기철 4남 동녕부 전투 · 228

6.3 개성 고려 이성계 – 명 주원장 쌍성 전쟁 · 229

6.4 위화도회군 · 230

6.5 주원장 자문 · 231

7. 한양 조선(朝鮮) · 232

7.1 조선 (세종) 최윤덕 – 건주여진 서간도 전투 | 간도면(間島面) · 233

7.2 조선(세종) 김종서 – 야인여진 동간도 전투| 6진 설치 · 234

7.3 조선 성종 – 명 헌종 개주위(開州衛) 설치 상언(上言) · 235

7.4 조선 (선조) 송상현 – 일본 (풍신수길) 소서행장 동래성 전투 · 236

7.5 {조선 (선조) 이순신, 명 신종(神宗) 진린(陳璘)} – {일본 시마즈 요시히로} 노량해전 · 237

7.6 조선 (광해군) 강홍립 – 건안여진 (누르하치) 부차<환인> 전투 · 238

12권 예맥만융(濊貊蠻戎) 한반도 무덤군

1. 고인돌 · 240

2. 삼국 무덤 · 241

3. 영산강 유역, 송파, 김해 · 242

책머리에

진(進) 조선은 어딘가? 표(表)

김삿갓이 조부(祖父)를 모르고 문장으로 욕한 것을 부끄러워하여 하늘을 볼 수 없다고 삿갓을 썼다.

조상이 어디에 있는지, 누군지 모르는 국가가 있다면 전 국민이 삿갓을 써야 한다. 전 국민이 삿갓 쓰고 다닐 수는 없기에.

〈내 이랄 爲윙ᄒᆞ야 어엿비 너겨〉

{

고구려사 초(抄), 대청광여도, 구글 지도, 검색을 통해 이미 발간한 조선주사(朝鮮主史)를 일부 수정 보충하여 예맥만융(濊貊蠻戎) 위주로, 마한, 고구려, 신라, 백제, 왜, 임나일본부, 한사군, 진(秦) 장성, 고려 천리장성, 살수, 삼국의 전장(戰場) 등 위치를 지도에 나타내어,

}

동북아 역사를 알 수 있도록 편찬하니,

〈사람마다 하여 수비 니겨 날로쑤메 便뼌安안킈 하고져 홇 ᄯᆞ라미니라〉

2024년 08월 24일
이상훈
gpuram2008@naver.com

총론

조선 위치에 대한 기록이 많다.

{

조선은 삼위태백(三危太伯)에 있다. 신단수 아래 신시로 내려온다. (下視三危太伯 降於太伯山頂 神壇樹下 謂之神市)

<삼국유사 고기(古記)>

조선은 동해지내(東海之內) 북해지우(北海之隅)에 있다.

<산해경(山海經) 해내경(海內經)>

황하가 꺾이는 모퉁이<운성시>에 있다.
조선은 열양의 동쪽, 海의 북쪽, 산의 남쪽에 있다. (朝鮮在列陽東 海北山南)

<산해경(山海經) 해내북경(海內北經)>

}

** 이렇게 기록이 많이 있는데도 조선을 만주에 있다고 한다. 조선을 만주에서 제거해야 동북아 역사가 바로 선다.

역사 조작 시작

1145년 김부식이 삼국사기를, 1281년 일연이 삼국유사를 <산동성 개경(開京)>에서 편찬한다.

1368년 홍건군에 밀려 원(元)이 대도에서 응창(應昌)으로, 공민왕이 개경(開京)<산동성 임청시(臨淸市)>에서 이성계, 최영과 함께 삼국사기와 삼국유사를 가지고 개성(開城)으로 천도한다.

1392년 이성계가 조선을 건국하고 개성 수창궁(壽昌宮)에서 즉위한다.

{

원(元)에서 4대조 목조(穆祖) 이안사〈이행리-이춘-이자춘-이성계〉를 위해 1255년 금패(金牌)를 내려 주어 개원로 남경(南京) 알동천호소(斡東千戶所) 수천호(首千戶)와 다루가치(達魯花赤)를 겸하게 하였다.

<태조실록 1권> 1431년 하륜 포함 12인 편찬

}

** 이성계 집안 가계를 한반도로 가져오기 위해 〈봉집현 철령위〉에서 다시 〈함경북도 철령위〉로 변경한다. (고)조선 건국 위치가 만주로 고착되고 고구려, 신라, 백제, 통일신라 역사가 (고)조선 영토로 들어온다. 삼국사기와 삼국유사를 한반도 역사로 조작한다.

동북아 역사 연대

동북아 역사 연대는 세석기 흑요석 사용 시작을 기준 하면 14,000년이 되고, 소하서와 흥륭와에서 발견되는 수암옥기를 기준으로 하면 8,000년 역사가 되고, 만발발자(萬發撥子) 제천(祭天)유적을 기준으로 하면 6,000년 역사가 된다. 켈트 기준으로 하면 5,000년 역사가 된다.

흑요석 국(國)

인류 최초의 생활용품은 주먹도끼고, 농사를 짓기 시작하면서 최고의 생활용품은 세석기다. 그중 으뜸은 흑요석이다. 백두산에는 흑요석이 있어 흑요석의 나라 환인〈환국〉이 탄생한다. 빙하기가 지나고 빗살무늬토기가 등장한다.

옥기 가공 국(國)

몽고에서 숲이 사라지기 시작하자 대거 남하가 시작되고, 2차로 내몽골 사막화가 시작되자 옥을 들고 화전에서 적봉으로 이주 정착하여 옥기를 만들기 시작하여 옥(玉)의 나라 홍산고국 배달국이 탄생한다.

켈트 국(國)

BC2800년경부터 내몽고 극십극등기(克什克騰旗)에 도착한 켈트가, 만주와 한반도에 정착하여 40,000기 고인돌을 남긴다.

한(漢)과 한(韓)

한(漢) 유방은 오(吳)나라 국민이기에 국가명을 오(吳)라고 하거나 진(秦)이라고 해야 하는데 오(吳)는 초나라 속국이니 탈락, 진(秦)은 적이니 탈락, 제, 연도 탈락이니 남는 것은 한(韓)이다. 문자, 복식, 음식, 인재까지 모든 것을 가져간다. 그 결과 한(漢)과 한(韓)은 문자가 똑같고, 복식이 똑같다.

개성(開城) 천도

1370년 5월 개성 고려가 보낸 사신 성준득이 명나라 황제(주원장)로부터 받아온 새서(璽書)에 공민왕 안부를 묻는 대화 기록이 있다.
{성곽이 있느냐? 갑병(甲兵)은? 왕의 거처는?} 〈거처는 있으나 정사를 볼 곳이 없습니다.〉 {관복(冠服)과 대통력(大統曆)을 보내겠다.}
1381년~1384년 개성(開城)에서 우왕이 수창궁(壽昌宮)을 짓는다.

본국통지(本國統之)

1387년 12월 명(明)나라 주원장(朱元璋)이 고려왕에게 자(咨)를 보낸다.

철령의 남쪽은 고려인의 것이니 본국에서 통치하라. (鐵嶺之南 舊屬高麗者 本國統之)

<明史 列傳 朝鮮>

양자강 남쪽에 있는 복건성은 마한이 AD10년부터 거주 시작한 곳으로 백제, 신라, 고려 1368년까지 1358년간 한국인이 거주한 곳이다. 당연히 그곳 주민은 한국보다도 더 한국인이다.

요동 정벌 | 철령위

1388년 5월 출발한 요동 정벌을 위화도에서 장마로 회군하여 우왕과 최영을 죽인다.

1388년 6월 위화도회군에 대한 설명을 위해 명에 사신으로 간 박의중을 통해 주원장은 조민수와 이성계에게 〈충근양절 선위동덕안사공신〉의 호를 내리고 〈명은 철령위 설치 논의를 중지한다〉는 자문(咨文)을 내린다.
〈철령위 위치가 봉집현으로 이동한다〉

국가명 발음 오해

유럽어 단어 발음은 강(强) 약(弱)이 있어 약(弱)음은 잘 들리지 않아 생략된다.

켈트(Celts)는 〈트〉가 〈약(弱)〉 발음이라서 〈켈〉로 들린다. 몽골의 〈케레이트〉와 신강 화전지구의 〈케리야현, 우전현(于田縣)〉 그리고 카자흐스탄을 건국한 〈케레이트〉, 한국의 〈겨레〉는 모두 켈트를 말한다.

4C 중엽부터 스키타이(Scythia)가 시라무렌강 유역〈적봉시 극십극동기(克什克腾旗)〉에 나타난다.

거란이 자신들을 〈(스)키타이(Scythia)〉라고 말하고 있는데 〈스〉가 〈약(弱)〉 발음이라서 듣는 자가 〈키타이〉 혹은 〈키탄〉이라고 듣는다.
이들이 동호와 선비산으로 가서 선비(鮮卑)가 된다.

스키타이-키타이-히타이트 | 거란

〈ㅋ〉과 〈ㅎ〉은 발음이 호환된다.
히타이트는 〈히〉가 〈키〉로 치환되기에 키타이〈트〉가 된다. 히타이트-스키타이-키타이가 같은 종족이고 거란이다.

**기록상으로는 히타이트는 BC1200년경이고 스키타이는 BC800년경이고 거란은 AD4C경에 나타난다. 언어로 보면 스키타이-키타이-히타이트가 발생 순서다.
BC1200년경 히타이트가 가장 나중이라는 것은 스키타이, 키타이트는 훨씬 이전에 등장한 것이다.

〈캐〉르트를 기억하는 부여

〈해〉모수는 〈캐〉모수다. 해모수가 〈캐〉〈해〉를 성(姓)으로 기억하는 것이다.

훈(hun)이 아니고 한(hun)이다

〈u〉는 〈ㅏ〉나 〈ㅓ〉로 발음한다.
sun은 〈산〉이고 gun은 〈간〉으로 발음하는 이치로 hun은 〈훈〉이 아니고 〈한〉이다. 이를 〈훈〉이라고 하면서 흉노와 연관시키는데 흉노는 조선이고, 〈한(韓, hun)〉은 〈불〉과 함께 부여를 구성한다. 이들이 아틸라 왕국을 헝가리에 남긴다.

마한과 가야의 역사 복원

AD10년 마한이 복건성으로 가서 마한과 가야 역사를 만들어 간다.

개주위(開州衛) 상언(上言)

1481년 무오 성종 12년 10월 17일 남원군 양성지가 명이 개주(開州)에 위를 설치한다는 것에 대해 상언(上言)한다.

개주(開州)는 봉황산(鳳凰山)에 의거하여 성(城)을 이루었는데, 산세가 우뚝하고 가운데에 대천(大川)이 있으며, 3면이 대단히 험하고 한 면만이 겨우 인마(人馬)가 통하는 이른바 자연히 이루어진 지역이므로, 한 사람이 관(關)을 지키면 10,000명이라도 당해 낼 수 있는 것입니다. 당 태종(太宗)이 주둔하여 고려(高麗)를 정벌하였고 …

<성종실록>

**놀라운 기록물이다. 당시 일반 백성들이 개주 봉황산을 알고, 당과 고구려 전쟁 위치를 알고 있고, 또한 그 지역이 조선영토라는 것을 알고 있는 것이다.

1권
맥(貊)

시라무렌강-서요하(西遼河)강 오한기와 압록강 주변 포함한 노란 원 안이 맥(貊)이다.
서요하(西遼河) 서쪽과 시라무렌강 북쪽은 예(濊)이다.

1. 맥(貊)

빗살무늬토기

세석기와 흑요석 시기 BC12000년경 농사를 시작하면서 빗살무늬토기를 가지고 초기에 만주와 한반도에 정착한 자들을 맥(貊)이라고 통칭한다.

몽골 숲의 남하

BC7000년경부터 몽골에서 숲이 사라지기 시작하자 몽골인들이 대흥안령(大興安嶺)을 넘어가 시라무렌강 남쪽과 서요하(西遼河) 동쪽으로 둘러싸인 숲으로 이주 적봉시(赤峰市) 오한기(敖汉旗) 소하서(小河西)와 흥륭와(興隆洼)에 정착한 자들을 맥(貊)이라고 통칭한다.

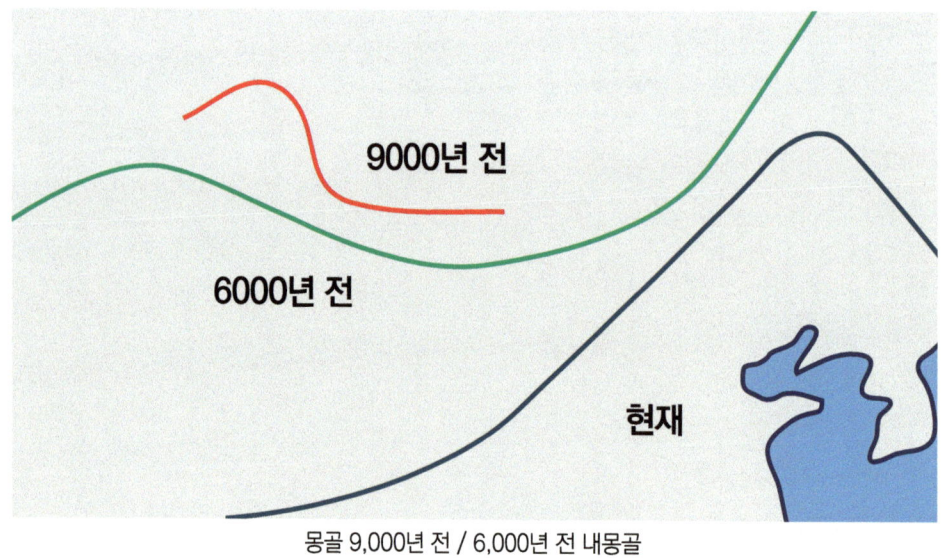

몽골 9,000년 전 / 6,000년 전 내몽골

2. 환국(桓國, BC7197~BC3897)

동북아 역사 연대는 흑요석 사용 시작을 기준으로 하면 14,000년이다.
소하서와 흥륭와에서 발견되는 수암옥기를 기준으로 하면 8,000년 역사가 되고, 만발발자(萬發撥子) 제천(祭天)유적을 기준으로 하면 6,000년 역사가 된다.

만발발자(萬發撥子) 제천(祭天)유적

혼강(渾江)과 백두산 인근〈길림성(吉林省) 통화시(通化市) 동창구(东昌区) 금창진(金廠鎭)〉에 BC4000~BC3500년경 만발발자(萬發撥子) 제천(祭天)유적〈3층원단(三層圓壇), 방대(方臺), 환호〉이 있다.

2.1 백두산 흑요석(黑曜石)

간석기〈세석기(細石器, microlith) 사용 시기〉는 BC12000년~BC8000년이다. 세석기 정점이 흑요석이다. 청동기가 BC3000년경에 나타나니 10,000년간 흑요석 시대다.

백두산 흑요석은 환국(桓國)(BC7197~BC3897)〈길림성(吉林省) 통화시(通化市), 요령성(遼寧省) 본계시(本溪市) 환인현(桓仁县)〉이 번창할 수 있는 자원이 된다. 흑요석을 고정해 눌러서 떼어 내어 날카로운 세형 돌날을 만든다. 흑요석으로 생활 도구나 화살촉 같은 무기를 제작한 시기에 흑요석(黑曜石)이 있으면 권력이다.

2.2 수암(岫岩) 옥기(玉器)

수암옥(岫岩玉)〈요녕성(遼寧省) 안산시(鞍山市) 수암만족자치현(岫岩满族自治县) 수암진(岫岩镇)〉에서 생산된다.

**흑요석(BC12000년~BC7000년) 가공부터 옥기(BC7000년~BC2700) 가공을 계속 이어 가기에 세석기(細石器) 세공이 세계에서 제일 발달할 수 있는 여건이다. 이런 기술축적이 있기에 발굴되는 옥기들이 몹시 현대적 수준으로 미려하다. 이로 인해 후대에 청동거울 다뉴세문경(多鈕細紋鏡)이 만들어질 수 있는 것이다.

흥륭와(興隆洼) 수암옥기

BC6200년경~BC5400년경 적봉 인근 흥륭와 유적에서 해자가 있는 100여 가구의 집단 터와 수암옥기(岫岩玉器) 옥결이 발굴된다. 적봉의 화전옥기보다 1,500년 이전이다.

수암옥기(岫岩玉器) 옥결

흥륭와(興隆洼) 유적 제2지점

BC3300년경으로 추정되는 흙으로 구운 도소남신상(陶塑男神像)을 발굴한다.

부하문화(富河 文化)

BC5200년~BC5000년 내몽골 적봉시 오한기 부하 유역

조보구문화(趙宝溝文化)

BC5000년경~BC4400년경 내몽고(內蒙古) 적봉시(赤峰市) 오한기(敖漢旗) 소하서 고가와붕향(高家窩棚鄉) 조보구촌(趙宝溝村)에서 봉황형상물(鳳凰形像物)이 발견된다.

3. 홍산문화

3.1 홍산전기

화전옥기(和田玉器)

홍산문화 전기(BC4700년~BC3898년)의 특징은 화전옥기 기술자들의 등장이다. BC4700년경 숲이 사라질 때 〈신강(新疆) 화전지구(和田地区) 화전시(和田市) 우전현(于田县)〉 우씨옥(愚氏之玉)〈케레이트〉〈월지(月支)〉에서 옥기(玉器)를 제작하던 자들이 1,800km 거리의 숲이 있는 카불로 가거나 혹은 옥문관(玉門關)을 통해 3,300km를 이동하여 숲이 있는 적봉 북쪽 지석(砥石) 커스커텅기로 이주한다. 남하하여 서요하(西遼河) 서쪽〈적봉시(赤峰市) 옹우특기(翁牛特旗)와 적봉시(赤峰市) 홍산구(红山区)〉에서 1,800년간(BC4700년~BC3898년~BC2900년) 화전 옥기를 생산한다.

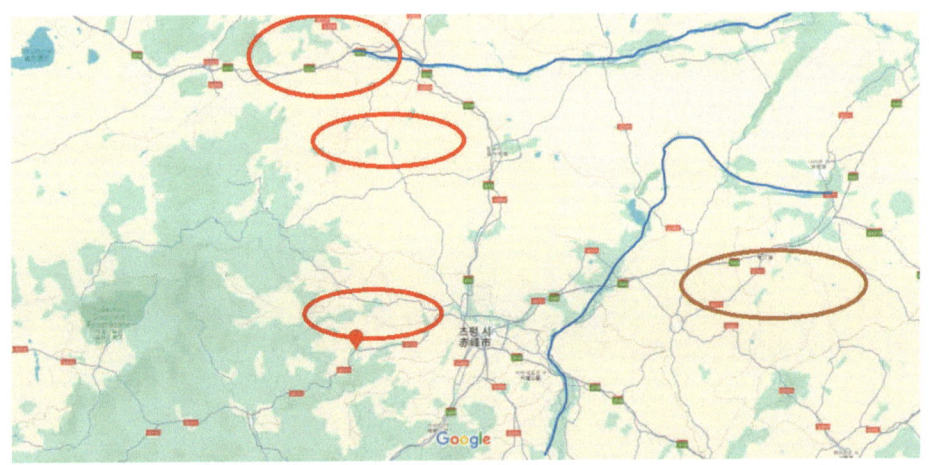

극십극등기(克什克腾旗) - 옹우특기(翁牛特旗) - 송산구 하가점 - 오한기 소하연

3.2 홍산후기

3.2.1 환웅 – 홍산 정복 전쟁

배달국(倍達國) | 홍산고국(紅山古國)

홍산문화 후기(BC3898년~BC2900년경)의 우하량 신시를 홍산고국이라고 한다. BC3897년경 환인(桓仁)에서 환웅이 풍백(風伯), 우사(雨師), 운사(雲師)를 거느리고 하강하여 3,000명을 거느리고 환인현(桓因縣)을 출발하여 적봉 화전옥기 제작 무리를 누르고 함께 신시(神市) 우하량유적〈요령성 능원시(凌源市) 능북진(凌北鎭) 묘후촌(廟後村)〉에 배달국(倍達國)(BC3898~BC2900년경~BC2333년)을 건국한다.

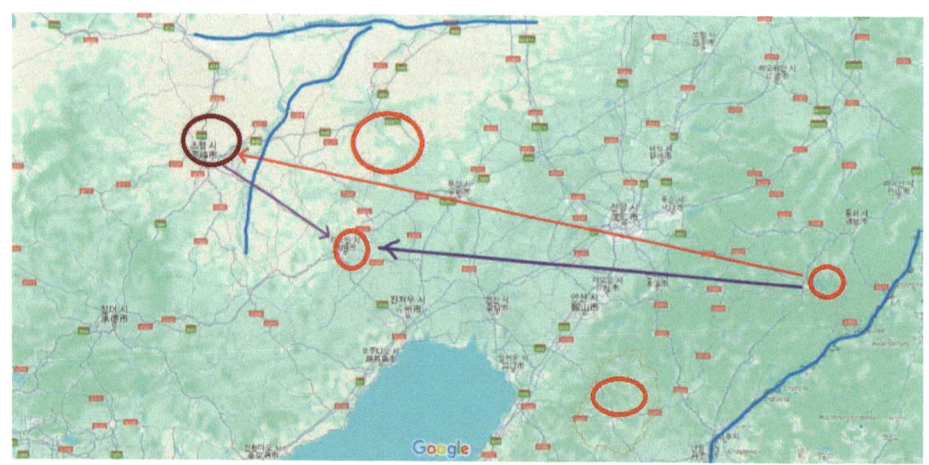

적봉, 화전옥 – 서요하(西遼河) – 조양 / 오한기 소하서 – 흥륭와 – 안산 수암옥 환인

진(震)

배달국을 진(震)〈동방(東方)〉 천자국(天子國)이라고 한다. 유럽 왕가를 동방(東方)왕조라고 말하는 것과 같은 것이다.
제(帝)는 진(震)이 봉(封)한다. 〈제출호진(帝出乎震)〉

문화 수준

BC3300년경 흥륭와 발굴 유물을 보면 선(禪)을 하는 자세의 토기가 있다. 당시에 이미 선과 같은 문화를 공유할 수가 있다는 것은 국가의 존재를 말한다.

4. 동이(東夷) 숙신(肅愼)

구이(九夷)

태산(泰山)을 중심으로 〈융, 맥, 예〉가 모여 국가 연합체의 성격을 갖는 중국 축소판 국가다. 견이(畎夷), 우이(于夷), 방이(方夷), 황이(黃夷), 백이(白夷), 적이(赤夷), 현이(玄夷), 풍이(風夷), 양이(陽夷)를 구이(九夷)라고 한다. 동이(東夷) 시작은 섬서성이라는 기록이 있다. 견이(畎夷)는 섬서성의 견융(犬戎)이고 방이(方夷)는 섬서성의 귀방(鬼方)이다.

숙신(肅愼) | 제(齊)

제(齊, BC1046년~BC221년)는 태산을 중심으로 북동쪽에 위치한다. 숙신이다.

5. 여진(女眞) | 금(金)

완안여진 아성구(阿城区)

1115년 완안부 여진이 고려로부터 동북 9성을 돌려받은 후에 요(遼)의 〈상경 임황부〉를 점령한다. 완안여진〈상경회령부(上京會寧府)〉〈하얼빈(哈爾濱) 아성구(阿城区)〉이 금을 건국하여 신라를 이어 간다.

6. 청(淸)

1644년 10월 순치제(順治帝, 6세)가 내몽골과 함께 산해관 전투 승리 후에 북경으로 들어간다. 1644년~1912년까지 300여 년 동안 중국을 통치하였다.

사르후(薩爾滸) 전투

1583년 누르하치가 흥경노성(興京老城) 〈요녕성(遼寧省) 무순시(撫順市) 신빈만족자치현(新賓滿族自治縣) 영릉진(永陵鎭)〉에서 건주여진의 추장이 된 후 1616년 후금을 건국한다. 1619년 명이 조선과 만주의 여진족을 이끌고 4방향〈개원, 봉천, 청하, 부차〉에서 후금〈홍경〉을 공격한다. 혼하(渾河)의 사르후 전투에서 명(明)이 패한다.
1625년 누르하치가 만주를 통합한 후에 요양으로 다시 심양으로 수도를 이전한다.

차하르 전투

1632년 4월 홍타이지는 10만 명을 이끌고 내몽골 차하르 근거지인 귀화성(歸化城), 수원성(綏遠城) 인근〈후허하오터시(呼和浩特市) 옥천구(玉泉区)〉을 점령한다.
1636년 4월 홍타이지가 차하르〈내몽골〉 전투 승리 후에 청(淸)으로 국명을 바꾸고 칸(汗)이 된다. 이때 후금 인구가 20만이다.

남한산성 전투

1637년 홍타이지 칸이 조선 남한산성을 정복하여 인조를 복속시킨다.

심양 – 북경 – 산해관 – 남한산성

2권
예(濊)

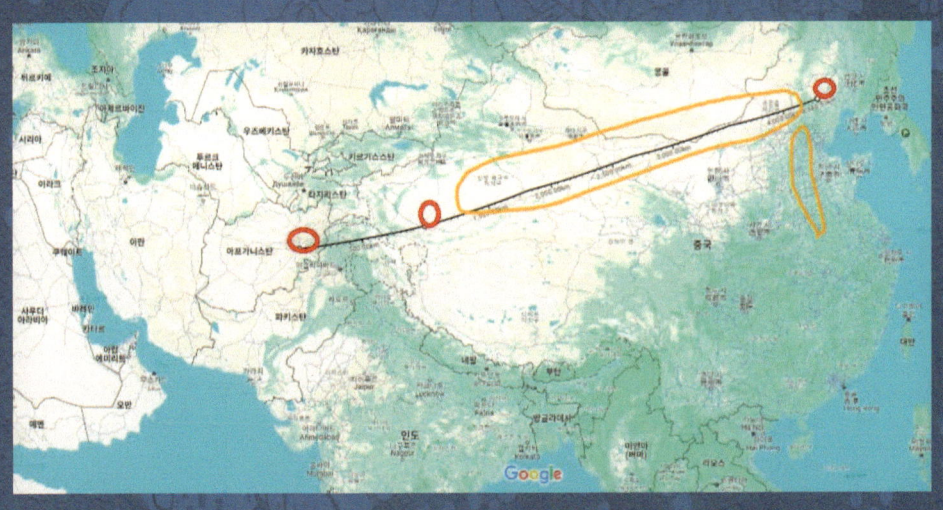

고비사막을 따라 이동 - 적봉 주변 - 요녕성

1. 예(濊)

월지(月支)가 화전옥을 가지고 적봉에 정착하면 이들을 예(濊)라고 부른다.

2. 월지(月支, Yuezhi)

곤륜산(崑崙山)에서 생산되는 옥돌이 하천을 따라 화전으로 굴러온다. 이를 모아 우전현(于田县)〈케리야현〉에서 화전옥(和田玉)〈우씨옥(愚氏之玉)〉을 유통한다.

3,300km를 달빛을 받으며 사막을 지나 적봉까지 운반한다. 이들을 월지(月支)라고 한다. 화전 옥기를 서안으로 보내기 위해 황하를 배로 한성까지 운송하던 자들도 월지(月支)다.

사막화가 만든 기적 | 5,100km 무역길

카블 1,800km ← 화전지구 → 3,300km 적봉

3. 켈트

극십극등기(克什克腾旗, 커스커텅기)

BC3000년경 내몽골 시라무렌강이 있는 〈적봉시 극십극등기(克什克腾旗)〉에 도착한 켈트가 만주와 한반도에 40,000기 고인돌을 남긴다.

유럽어 단어 발음은 강(強) 약(弱)이 있어 약(弱)음은 잘 들리지 않는다.

켈트(Celts)는 〈트〉가 〈약(弱)〉 발음이라서 〈켈〉로 들린다. 즉 〈켈, 케레이, 겨레〉는 켈트이다. 몽골의 〈케레이트〉와 신강 화전지구의 케리야현〈우전현(于田县)〉 그리고 카자흐스탄을 건국한 〈케레이트〉, 한국의 〈겨레〉는 모두 켈트다.

이곳 지석이 상나라의 건국자 설의 고향이다. 북원이 응창(應昌)으로 수도를 옮긴다.

켈트 청동 인물상

상투 하고 눈은 위로 찢어지고 매부리코다. 눈이 위로 찢어진 것은 동양인 특징이 아니고 켈트인 특징이다.

옹우특기(翁牛特旗)

홍산문명 옥룡이 출토된다. 청동 단검이 나왔다.

소하연 문화 유적 | 동석병용시대(銅石倂用時代)

BC3000년~BC2000년경 오한기 소하연 문화(小河沿 文化) 유적은 동석병용시대(銅石倂用時代)다.

3.1 켈트 - 배달국 전쟁

배달국 공격

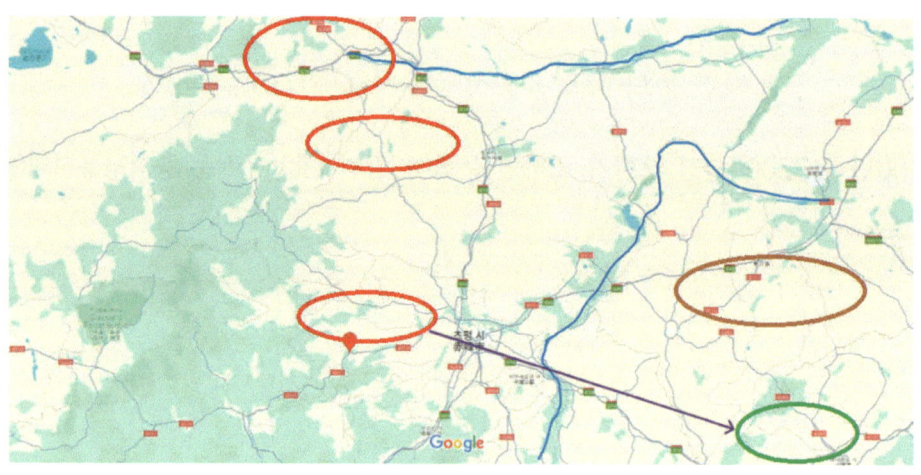

켈트 - 배달국

홍산고국(紅山古國) | 배달국 멸망

BC2900년경 켈트 유입이 지속된다. 신시 배달국〈홍산고국〉을 밀어낸다.

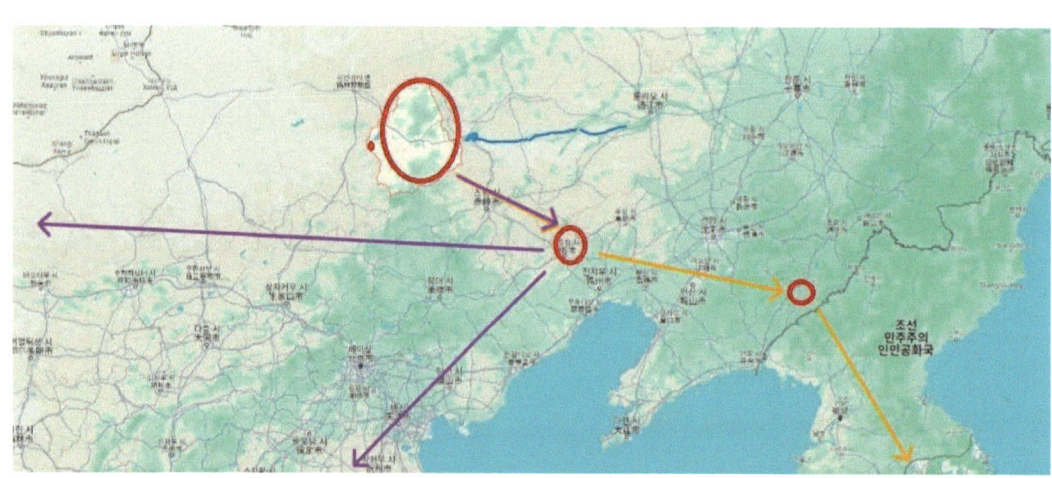

BC2700년경 켈트 지석 커스커텅기 → 조양 배달국 → 조선〈신목옥기〉 → 청구

치우(蚩尤) | 청구국(靑丘國)

치우(蚩尤)〈배달국 자오지환웅(慈烏支桓雄)(BC2707년~BC2598년)(?)〉가 청구국(靑丘國, BC2707~BC2334)을 〈산동성 구(丘), 청주, 택낙랑홀(宅樂浪忽)〉에 건국한다.

삼황제(三皇帝)

BC2700년경 태호복희씨(太皥伏羲氏), 황제헌원씨(黃帝軒轅氏), 염제신농씨(炎帝神農氏)이다. 황제가 청구(靑丘)에 가서 삼황내문(三皇內文)을 받았다. (昔黃帝東到靑丘 過風山 見紫府先生 受三皇內文)

<포박자(抱朴子)>

삼황제는 풍백(風伯), 우사(雨師), 운사(雲師)이다. 이는 환웅이 풍백(風伯), 우사(雨師), 운사(雲師)를 거느리고 신시로 내려온다는 3명을 말한다.
삼황제를 거느린 자는 당시 진(震) 국(國) 배달 환웅(桓雄)이다.

운사(雲師) 헌원(軒轅)

헌원(軒轅)(BC2717년~BC2599년)이 제(祭)를 지낸 제단(祭壇)이 왕옥산(王屋山)〈하남성 제원시 왕옥진(王屋鎭)〉에 있고 활동 지역은 황하 변 사구(沙丘)〈하남성 구(丘)〉이다. 헌원(軒轅) 황제의 직위는 운(雲)이고 이름은 운사(雲師)이다.
진(震)〈배달국〉이 임명한다. (昔者黃帝氏以雲紀 故爲雲師而雲名)

<춘추좌전>

우사(雨師) 소정(小丁)

BC1333년 무신년(戊申年)에 우사(雨師) 소정(小丁)을 번한에 보(補)하였다.

오한기(敖漢旗) 소하연 문화 유적 | 동석병용시대(銅石併用時代)

BC3000년~BC2000년 동석병용시대(銅石併用時代) 소하연 문화(小河沿 文化)〈오한기 소하연촌(小河沿村)〉에서 일부 동(銅)을 사용한 시기다.

비파형 동검

비파형 동검은 돌널무덤이나 고인돌에서 발견된다. 비파형 동검이 가장 많이 분포된 요녕(遼寧) 지역을 켈트의 중심지로 볼 수 있다. 켈트족이 남긴 유물이다.

고인돌(dolmen)

켈트어(북아일랜드 언어)로 dol은 탁자이고 men은 돌이다. 탁자형 고인돌(table stone)을 dolmen이라고 한다.

케레이트(khereids)

몽골 항가이산맥(Khangai mountain) 부근에 살던 유목민이다.

제잠(鯷岑)

삼성퇴 유적에서 발굴된 석판에 새겨진 글자인데 만주의 배달국 혹은 켈트를 말한다.

4. 동이(東夷) 래이(萊夷) | 래국(萊國)

동이(東夷) 래이(萊夷)의 영역

대문구 문화유지 - 맥구 - 하남성 - 강소성

삼성퇴 | 래이 이동 경로

삼성퇴(三星堆)〈사천성(四川省) 덕양시(德阳市) 광한시(广汉市)〉 청동 두상이 홍산 청동 두상과 유사하다. 고인돌국(國) 켈트 일부가 옥기 제작 기술을 가지고 이곳으로 이주하여 켈트족이 남긴 옥기와 청동기 유물이다.

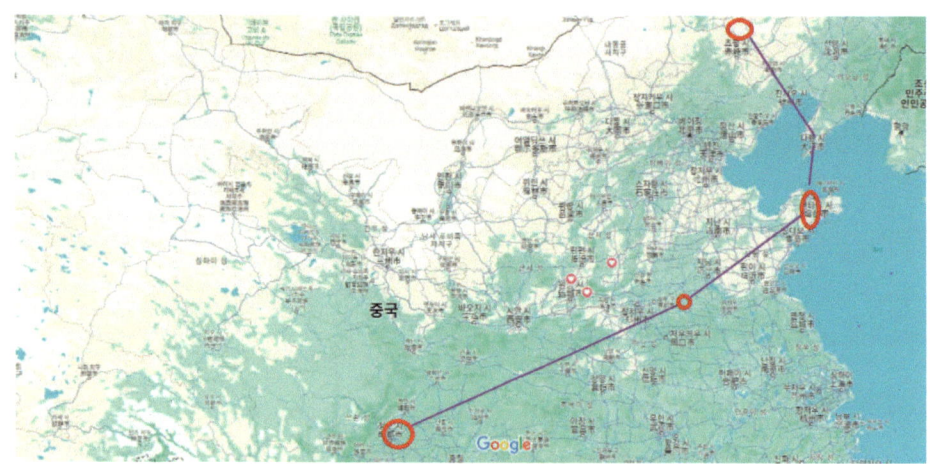

극심극등기 - 적봉 - 대련 - 래주 - 상구 - 성도

융 | 예 | 맥 | 동이 4국시대

(BC2900년경~BC1600년경) 조선〈융〉, 켈트〈예〉, 만주〈맥〉, 동이〈레이〉〈모(牟)〉〈숙신〉 4국 시대가 된다.

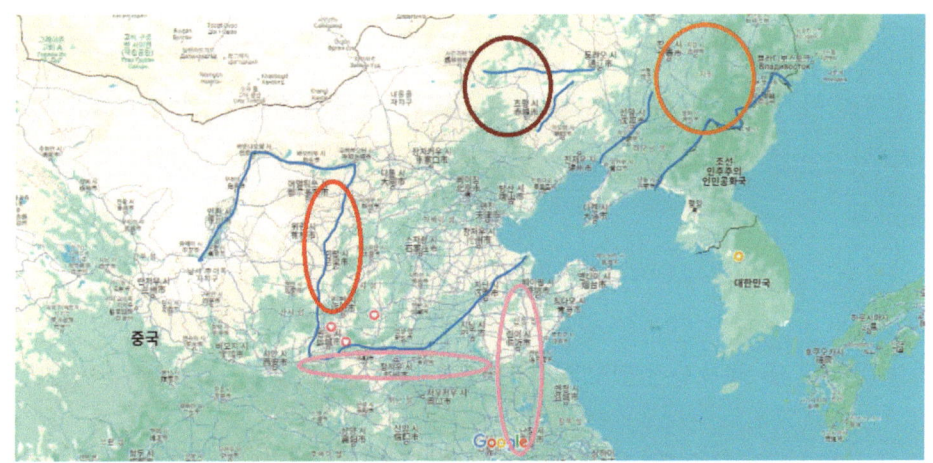

융〈조선(왼쪽 빨강 원)〉 - 예〈켈트(시라무렌강 상류)〉 - 맥〈숙신〉 - 동이〈레이〉〈모〉

부유(鳧臾) | 노(魯)

상(商) 멸망 후 주(周)나라 봉지(封地)를 받는 형식의 제후국 노국(魯國, BC1046년~BC256년)이 태산을 중심으로 남서쪽에 건국한다.

BC551년 공자는 〈제녕시(濟寧市) 추읍(郰邑)〉에서 태어났다. 맹자는 100년 후 추성(鄒城)에서 태어났다. 맹자(孟子)는 BC372년 〈산동성(山東省) 추성(鄒城) 지역〉에서 태어났다. 노국(魯國)이 멸망하자 부유(鳧臾)가 추국(鄒國)〈제녕시(濟寧市) 추성시(鄒城市)〉을 이어 간 후 BC238년 하택시 동명으로 이주하여 동명부여 건국에 합류한다.

대국인(大國人)

동방에 동이라는 옛 국가가 있었고 대국인(大國人)이다. (東方有古國命曰東夷 大國人)

〈BC267년 공빈 홍사(鴻史) 동이열전(東夷列傳)〉 〈위(魏) 공빈 기(記)〉

춘추시대 추(鄒) 사절단을 공빈이 위(魏)에서 목격하고 기록한 것이다.

맥구(麦丘)

래이(萊夷)의 도성(都城)은 맥구(麦丘)〈청도시(青島市) 교주시(胶州市) 맥구촌(麦丘村)〉이다. 래이(萊夷)족은 상고 시기에는 하남성 동부, 강소성과 오와 월까지 그리고 안휘성 북부 등 산동반도 인근의 모든 지역을 지배한 세력이다.

지금도 청도시에 래이(來夷)가 많이 살면서 언젠가 독립을 기다린다고 한다.

장족(壯族)

광서 지방에 장족(壯族)이 많이 산다. 이들을 래이(萊夷)로 볼 수 있다.

중국을 화하(華夏)족이라고 하는데 화(華)가 래이(萊夷)다.

모(牟)

모(牟)는 래이족에서 나왔다. (貽我來牟)

전연왕의 성이 모(慕)씨다. 백제 동성왕이 모(慕)씨이다. 모(牟)씨는 스키타이다.

뇌주반도(雷州半岛)

뇌주반도(雷州半岛)에 뇌주시(雷州市)가 있고, 려족(黎族)〈구려(九黎), 백월(百越)의 분파인 낙월(駱越)〉과 장족(壯族)이 인근에 같이 있다. 이는 래주(萊州)〈등주〉의 래이(萊夷)가 이동해 온 것이다. 광서성과 광동성 해안에 있는 소수민족이 산동성에서 이주 정착한 구이(九夷)임을 알 수 있다.

양저(良渚) 유적

동이가 오월이 등장하기 이전에 진출한 기록이 있다. 이때 동이를 레이로 볼 수 있다. 오나라 고소성(姑蘇城, 蘇州)과 월나라 회계성(會稽城)은 구려의 옛 도읍이다.

래이(萊夷)가 양저문화촌(良渚文化村)〈절강성(浙江省) 항주시(杭州市) 여항구(餘杭區) 양저진(良渚鎭)〉을 남긴 것으로 볼 수 있다.

대문구문화(大汶口文化)

대문구문화(大汶口文化)는 중국 산동성 태산(泰山) 주변 황하 변에서 약 6,300~4,600여 년 전에 존재했던 신석기 문화이다. 래무(萊蕪) 인근이다.

5. 상(商)

지석(砥石)

상(商)나라 설(契) 현왕 탄생지인 지석(砥石)〈적봉시 극십극등기(克什克騰旗, 커스커텅기)〉에서 간적이 수영하다가 제비알을 먹고 설(契)을 낳았다.

황하 물길 변경

BC1600년경 북경을 향하던 황하가 남으로 물길이 바뀌어 북경과 천진 사이에 마른 땅이 늘어나 이동이 가능해진다.

북경 가까이 흐르던 물길 〈빨간색〉 – 남쪽으로 변경

하가점 하층문화(夏家店下層文化)

적봉시 송산구 하가점 하층 문화(BC2400년~BC1500년)가 있다.
BC1600년경 황하 물길이 변경되어 하북으로 진입이 쉬워지자 태행산 아래를 따라 안양으로 이주하여 상 건국에 참여한 것으로 추정해 볼 수 있다.

상(商) 건국

지석(砥石)에 거주한 켈트족과 인근 하가점 하층 문화 지역 거주자들이 황하의 남하로 새로운 토지가 생기자 안양으로 이주하여 상(商)(BC1600년~BC1046년)을 건국한다. 하 가점 하층 유적이 이들 이주자와 관련 있어 보인다.

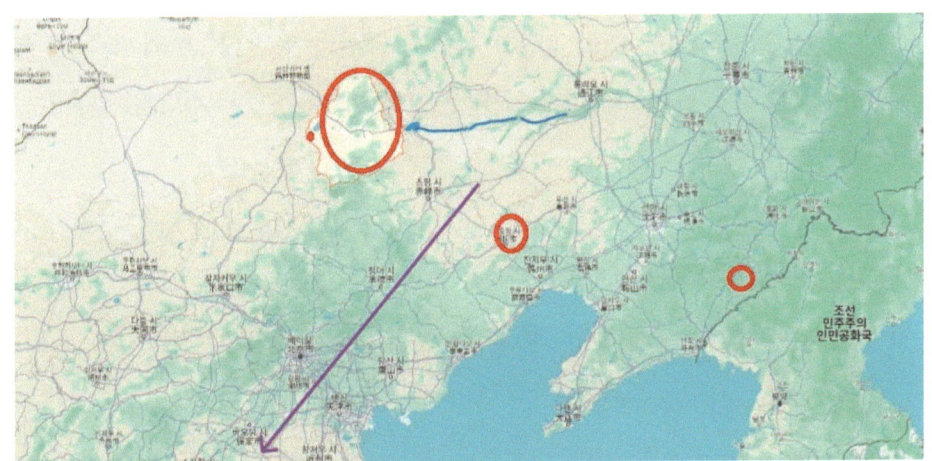

커스커텅기 – 시라무렌강 – 배달국 – 환인 북경과 천진만 사이로 이동 가능해짐

갑골문(甲骨文)

갑골문 어순이 <주어+동사+목적어>다. 켈트가 만든 것임을 알 수 있다.
이때 한자 어순이 정해진다.

역현(易縣)의 유역족(有易族)

상나라 상갑미(上甲微)가 하백(河伯)의 군사를 빌려 와 역현(易縣)의 유역족(有易族)을 공격한다는 기록이 있다.

6. 부여(扶餘)

6.1 동명부여(東明扶餘)

BC284년 진개에게 역현(易縣)을 공격받아 조선이 만번한으로 밀린다.

BC239년 진(秦) 몽오(蒙傲)가 한(韓)의 성 13개를 빼앗는다.

BC238년(?) 해모수(解慕漱)가 이들 한(韓) 유민과 조선의 유민 려(黎)와 산동성 부유(鳧臾)가 합류하여 〈산동성 하택시(菏澤市) 동명현(東明县)〉에 동명부여(東明扶餘)〈BC238년~BC86년〉를 건국한다.

부여국 동명왕 해모수(解慕漱)의 성(姓) 해(解)가 켈트의 〈켈〉을 성(姓)으로 사용한 것임을 알 수 있다. 〈ㅎ〉과 〈ㅋ〉은 호환된다. 해(解)가 켈〈kre, ke〉이다.

과두(蝌蚪) 문자(文字)

춘추(春秋), 논어(論語), 효경(孝經)은 모두 페르시아 문자(文字)인 과두(蝌蚪) 문자(文字)로 기록하였다고 한다. 초나라에게 노(魯)나라가 멸망당한 후에 추나라가 이어 간다. 추나라는 부유이다. 논어와 맹자의 문화유산이 부유에게로 전승된다. 부유도 과두 문자를 알고 있는 것이다. 부여 문자가 과두 문자일 수 있다.

발해가 당나라에 선비 문자인 과두(蝌蚪) 문자(文字)로 문서를 보내니 문자를 이태백이 해독했다고 한다.

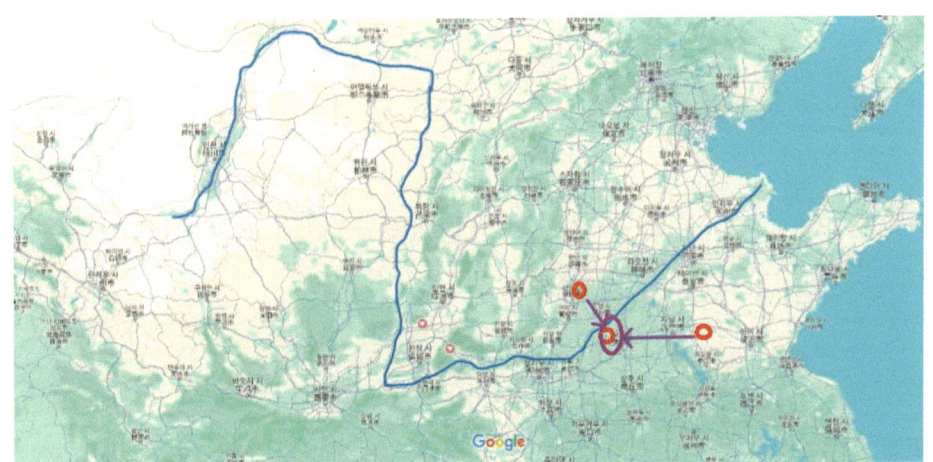

안양 → 동명현 ← 추성시

6.2 동부여(東扶餘)

투국(秺國)

BC86년 한 무제가 투국(秺國)〈하택시 성무현〉에 김일제를 투후(秺侯)로 임명한다.

동부여(BC86~AD51)

동명(東明) 부여(扶餘)가 〈하택시 동명현〉를 떠나 〈장치시(长治市) 여성현(黎城县)〉에 정착한다. 50km 거리〈장치시(长治市) 상당구(上党区)〉의 한(韓)과 운성시(运城市)를 포함하여 산서성 남부를 지배한 동부여(BC86~AD51)를 건국한다.

동부여의 주요 구성원은 예인(濊人)과 한인(韓人)이다. 광개토태왕 비문에 예인(濊人)과 한인(韓人)을 수묘인으로 기록하는데 이는 이들을 지칭한다.

동명(东明)-여성(黎城)〈예읍(濊邑)〉

예읍(濊邑) | 려성(黎城)

동부여 도읍인 장치시 여성(黎城)을 지도에서 찾고 예읍(濊邑)이 청장수(淸漳水)와 탁장수(濁漳水) 사이에 있다는 기록으로 지도에서 찾아가면 숲이 있고 숲을 벗어나면 첫 번째 도시 여성(黎城)이 나오는데 같은 장소임을 알 수 있다.

예읍(濊邑) | 청장수(淸漳河)〈위〉 - 탁장수(濁漳河)〈아래〉 사이와 장치시 여성현(黎城县)은 같은 곳이다

6.3 북부여(北夫餘)

동명부여 - 동부여 - 북부여

하택시〈동명현〉 - 장치시〈여성〉 - 북경 조양시〈부여성〉

AD22년 대무신왕이 동부여(東扶餘)를 공격하여 왕을 시해한다.

AD51년 대무신왕이 동부여를 멸하니 동부여 47국 모두가 고구려 땅이 되었다.

AD51년 동부여가 고구려의 공격으로 북으로 이주하여 〈북경시(北京市) 통주구(通州区) 노성진(潞城镇)〉에 부여성을 쌓고 북부여(北夫餘)(AD51년~AD346년~AD494년)를 건국한다.

AD285년에 선비족 모용외가 부여를 습격하여 10,000명을 잡아 간다.

AD346년 전연 모용황이 부여성을 공격하여 현왕과 50,000명을 잡아 간다.

6.4 북부여 부유현으로

풍납토성 | 몽촌토성

AD346년 북부여 멸망 후 유민들이 한반도로 이주한다. 풍납토성은 시기적으로 고구려가 만든 것으로 볼 수 있고 몽촌토성은 부여 유민이 축성한 백제 담로로 볼 수 있는데 기록이 없다.

김해 대성동 고분군(金海 大成洞 古墳群)

AD346년 북부여 멸망 후 유민들이 한반도 김해로 이주한다. 이들이 동복이 나오는 무덤군을 남긴다.

부유현(富裕县)

AD346년 부여인들이 〈흑룡강성 제제합이시 부유현(富裕县)〉으로 간다.

6.5 북부여 볼가강으로

동복 – 찢어진 눈 – 볼가강에 나타난 한(hun)

부리야트(Buryatiya)

AD370년 부여와 한(hun, 韓)이 함께 바이칼호 인근 부리야트(Buryatiya)로 간다.

볼가강

375년 다시 서쪽으로 편두에 눈은 찢어진 이들이 말 등에 동복을 싣고 볼가강을 넘어가 375년 동고트를 정복한다.

6.6 한(韓, Huns) 국(國) <Atilla the Hun>

영어의 〈u〉를 〈ㅏ, ㅓ〉로 발음해야 하는데 〈우〉로 번역하는 오류가 많다. sun은 〈산〉이고 gun은 〈간〉이다. hun은 같은 이치로 〈훈〉이 아니고 〈한〉이다.

〈훈〉이라고 잘못 발음하면서 흉노와 연관시키는데 이는 잘못이다. 흉노는 조선의 일부이고 한(韓, hun)은 부여의 일부이다. 훈(hun)족이 아니고 한(hun)족이다

서고트

376년 서고트를 정복하니 서고트가 로마로 몰려간다.

헝가리 | 독일

헝가리에서 독일까지 정복한다.

불가리아 | 루마니아

이때 주축 세력이 〈불〉보다는 〈한(huns)〉으로 보인다. 후퇴할 때 〈한〉은 한(韓族)(Huns) 국(國)(AD370년~453년)〈Atilla the Huns〉〈항가리〉를 남기고 〈불〉은 〈불가리아〉를 남긴다. 루마니아는 〈한〉으로 보인다. 독일에도 많은 〈한(huns)과 불〉이 남겨진다.

부여(bul) & 한(hun) → 항가리 이동 경로

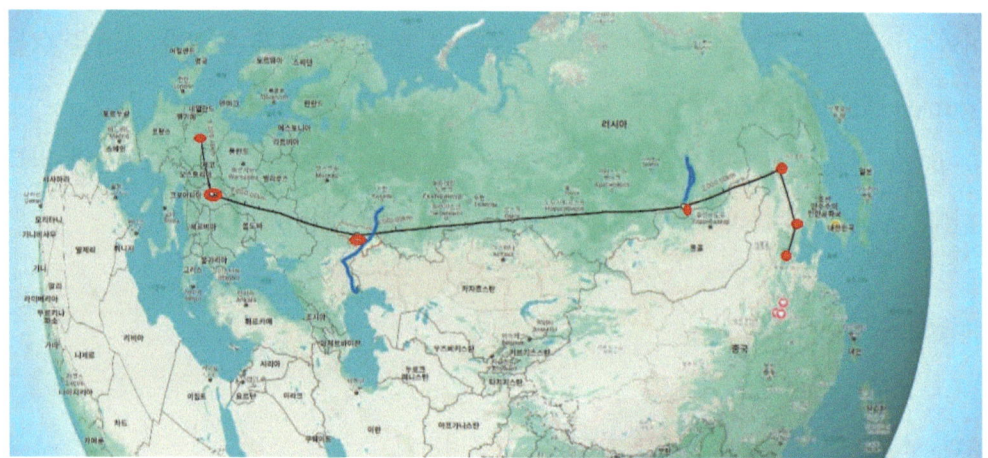

346년 북경 부여성 – 조양 – 346년 부유현 1,045km – 370년 바이칼호 2,500km → 375년 볼가강 6,400km – 항가리 8,400km – 375년 동고트, 376년 서고트 – 독일 9,100km

6.7 두막루(豆莫婁) 부여

AD410년 〈흑룡강성(黑龍江省) 제제합이시(齊齊哈爾市) 부유현(富裕縣)〉에서 〈길림성(吉林省) 송원시(松原市) 부여시(扶余市)〉로 이동하여 두막루(豆莫婁)(AD410~AD726)를 건국한다.

AD486년 대막로국(大莫盧國)이 북위에 사신을 보내 조공한 기록.

AD724년 당나라에 대수령 낙개제(諾皆諸)가 조공한 기록.

AD726년 발해 무왕에게 정복당한다. 유민들이 케레이가 된다.

북경 부여성 346년 - 치치하얼시 부유현 410년 - 송원시 부여시 726년 ← 모란강시(牡丹江市) 영안시(寧安市)

7. 부연(夫燕)

상(商)나라 건국 시조 설(契) 탄생 신화가 제비와 연관 있고 국가명 연(燕)은 뜻이 제비이니 상(商)을 이어 간 것임을 국가명으로 나타낸다. 연(燕)에 부여인지를 뜻하는 부(夫)를 붙여 부연(夫燕)이라고도 표기한다. 북경시 방산구(房山区)이다.

7.1 연(燕) 소왕 <진개> - 조선(朝鮮) & 동호(東胡) 전쟁

악의 | 진개

BC284년 연 소왕이 제나라 공격을 악의에 명한다. 악의가 진개에게 조선의 보정시(保定市) 역현(易縣)을 공격하라고 명한다. 패수(沛水)와 번한(番汗)의 만번한까지 조선을 2,000리를 물러나게 한 후 역현(易縣)에 도읍한다.
역현은 명도전(明刀錢) 출토가 말하듯이 경제 중심 도시다.

조선하(朝鮮河)

조선하(朝鮮河)는 조백하(朝白河)이고 동쪽이 동호(東胡)이고 서쪽이 조선(朝鮮)이다. 연나라 진개가 조양의 동호를 1,000리 밀어내니 이들이 선비 산으로 들어가 선비가 된다. 만주에 동호, 선비, 오환이 있고, 조선은 만번한(滿潘汗)에 있다.

한남(汗南) | 만번한(滿潘汗)

온조를 한남왕(汗南王)이라고 부른다. BC19 <한남이 가물어(汗南旱) 1,000호가 고구려로 이주하여 패대(浿帶)와 대수(帶水)<황하> 사이가 텅 비었다. (一千餘戶 浿帶之間 空無居人)> 한남(汗南) 위치를 도패대이수(渡浿帶二水)로 추정하면 <제원시>이다.

진개의 공격

조선하, 연 – 동호 조양 1,000리 공격, 조선 역현 공격 – 제원시 만번한〈패수(沛水)와 번한(番汗)〉2,000리

8. 위(衛)

위 강숙이 BC1046~BC209년 주(周)에 의해 조가(朝歌)〈하남성 학벽시 (鶴壁市) 기현(淇县)〉에 봉해진다.

BC660년에 북적(北狄)의 침공으로 조가(朝歌)가 함락되고 의공은 살해된다.

3권
융(戎)

청해성+감숙성+섬서성+산서성+해남 장족 자치주가 최초 조선 영역이다.
2,000년간 만융(蠻戎)이 지배한다.

1. 융(戎) | 오손(烏孫) | 귀방(鬼方)

곤륜산맥(崑崙山脈)의 오손(烏孫)은 곤이(昆夷)고, 천산산맥(天山山脈)의 키르기스스탄은 격곤(鬲昆)이다. 이름 곤(昆)이 말하듯이 곤륜산(崑崙山)에서 옥 원석을 생산하였다. 〈옥출곤강(玉出昆崗)〉 이들을 통칭 융(戎)이라고 부른다.

카자흐족은 오손을 자신들의 조상이라고 생각한다. 오손은 백인이다.
오손(烏孫)과 축융팔족(祝融八族)은 한국인의 선조가 된다.

오손과 귀방이 후대 강(羌)이다.
일본서기에 신라를 서강(西羌)이라고 기록한다.

2. 맥(貊)

만주 배달국의 맥(貊)이 융적(戎狄)의 땅(戎狄之地)에 들어간다. 융의 지역에 들어간 조선의 핵심이다.

3. 진(震)

삼위산(三危山)

BC2700년경 고인돌 국(國)의 등장으로 배달국이 공격받자 화전(和田)에서 온 〈화전옥기 가공 유민〉과 환인에서 온 〈수암옥기 가공 맥(貊)유민〉이 함께 1,500km 서쪽으로 이동하여 삼위태백(三危太伯), 삼위산(三危山)〈감숙성 주천시(酒泉市) 돈황현(燉煌縣)〉〈청해성(靑海省) 천준현(天峻县)〉에서 조선을 건국한다.

배달국을 떠나 서쪽 삼위산으로 이동 정착

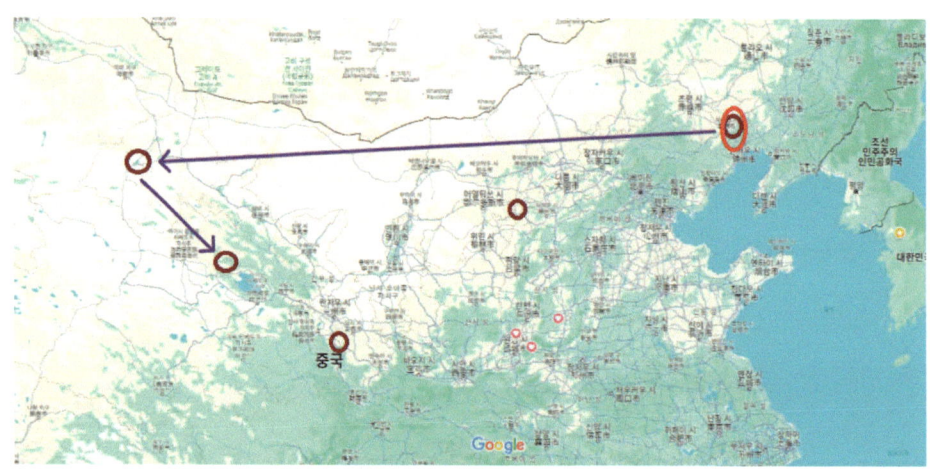

조양(朝陽)〈배달국〉
삼위산(三危山)〈돈황현(燉煌縣), 천준현(天峻县)〉, 임담현(临潭县), 신목(神木)

삼위산(三危山)<돈황현(燉煌縣)>

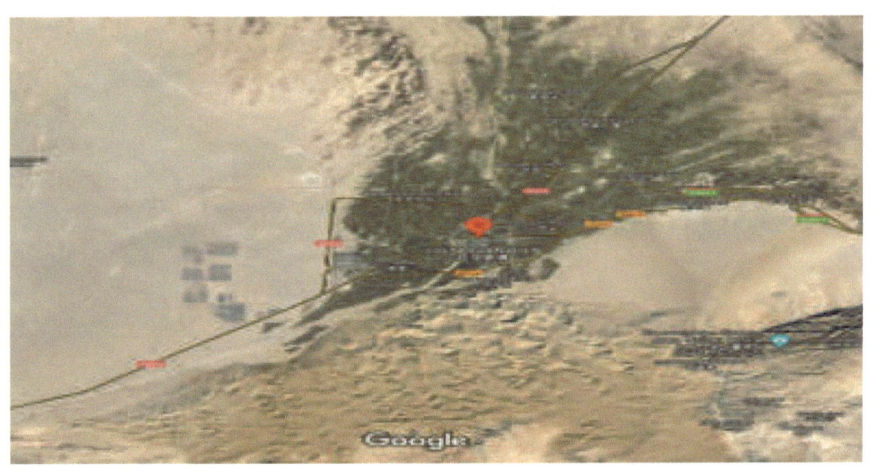

청해 삼위산<천준현>

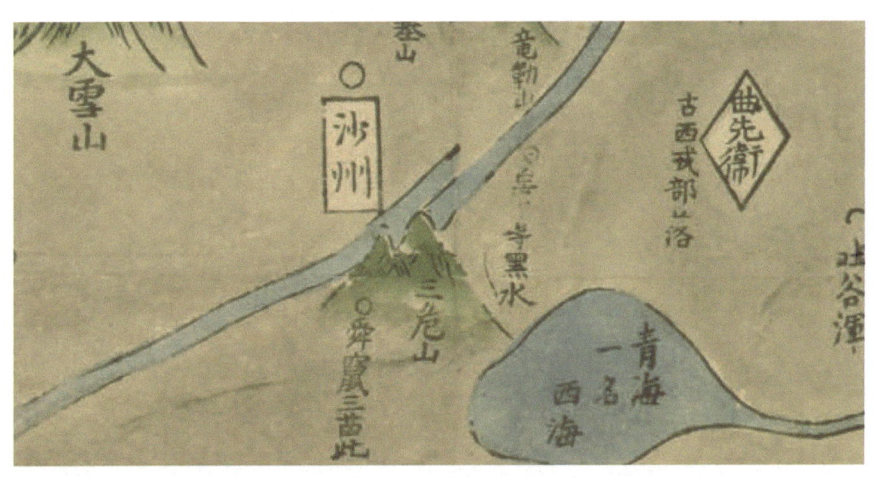

석묘고성(石峁古城)

BC2900년경 홍산고국의 옥기생산 중단과 BC2333년 조선 건국에는 500여 년 공백이 생긴다. 이 기간에 어디선가 생산이 지속되어 유통되었을 것이다. <배달국, 진(震)> 유민이 섬서성 유림시(榆林市) 신목시(神木市) 신목진(神木鎮) 석묘고성(石峁古城)에 정착하여,

곤륜산 화전옥과 기련산(祁连山), 바이칼 호수 인근에서 출토된 옥으로 신목옥기(神木玉器)를 생산 유통한다.

화전지구 - 유림시 신목 - 임분 - 적봉 조선: 사각형 안

마구묘지(磨沟墓地) | 장족(藏族) | 명도전

감숙성(甘肅省) 감남장족자치주(甘南藏族自治州) 임담현(临潭县) 마구묘지(磨沟墓地)에서 BC2000년경 명도전이 출토된다.

청해 삼위산

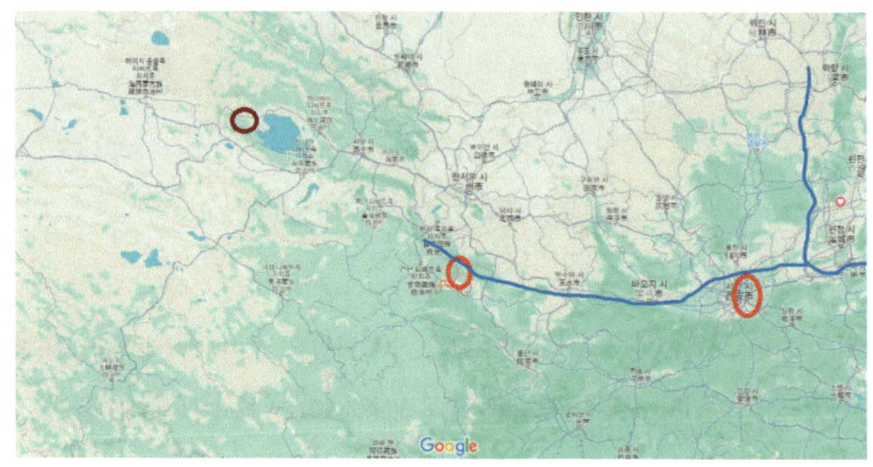

천준현 삼위산 - 임담현 마구묘지〈명도전〉- 서안 위치 위수 - 황하

귀방(鬼方)

귀방(鬼方)이 500여 년이 지나 석묘고성(石峁古城)을 공격한다.

**이 귀방 공격 시기가 BC2333년인지 아니면 BC1800년경인지는 알 수 없다.

4. 조선(朝鮮)

평양 지명은 어디서 온 것인가?

BC2333년 〈산서성(山西省) 여량시(呂梁市) 분양(汾阳)〉에서 단군 왕검이 조선을 건국한다. 산서성을 남북으로 흐르는 분하(汾河) 변(邊)에 고구려가 도읍〈평양, 분양, 평요〉을 만든다. 분(汾)을 중국인은 〈펀〉, 한국인은 〈평〉이라고 발음한다. 분양(汾陽), 평요(平遙)를 한국식 발음하면 〈평양〉이다. 평양은 분하(汾河)에서 유래한다.

분양(汾陽, 평양)

BC2333년 왕검(王儉)이 분양(汾陽, 평양)에서 조선을 건국한다.

진양(晉陽) | 태원

진양(晉陽)은 흉노와 임분 세력이 만나 교류하는 장소다.

임분(臨汾)

임분〈평양〉은 유물 탐사 결과 BC2500년경부터 600년간 도읍으로 유지된다.

왕검성(王儉城)

험독현은 의무려산과 방현(房縣)의 사이에 위치한다.

아카드 국과 조선

아카드국(BC2334년~BC2154년)은 수메르 북부의 고대 도시인 아카드를 중심으로 건국한 메소포타미아 국가이다. 조선과 건국연대가 거의 같고 천산산맥을 중심으로 양측에서 서로 영향을 주었을 것으로 보인다. 초기 조선의 정착에 이들 세력이 들어왔을 가능성이 매우 높다.

파미르 고원

천산산맥, 곤륜산맥, 파미르고원에서 목축을 하던 자들이 있다.

당(唐) 요(堯)

요(堯)(BC2286년경~BC2193년경)는 처음 당(唐)에 봉(封)해졌다가 뒤에 진양(晉陽)〈태원(太原)〉에 봉(封)해진다. 평양(平陽)〈임분(临汾) 요도구(尧都区)〉에서 제위(帝位)에 오른다. (堯始封于唐, 後徒晉陽, 即帝位都平陽)

우(虞) 순(舜)

순(舜)(BC2180년경~BC2146년경)은 흉노이다. 평양(平陽)에서 요(堯)를 가둔 후 〈舜囚堯於平陽, 取之帝位〉 우(虞) 지역에 봉(封)해지고 포판(蒲坂)〈운성시(运城市) 포현(蒲县) 포성진(蒲城镇)〉에서 제위(帝位)에 오른다. (舜始封于虞 帝位都蒲坂)
〈단군(檀君)왕검이 요(堯)가 즉위한 지 50년이 되는 해에 평양성(平壤城)에 도읍하고 조선(朝鮮)을 건국한다〉고 삼국유사(三國遺事)에 기록한 것은 흉노 순(舜)이 요(堯)를 감금한 시기를 흉노 단군왕검의 등장이라고 표현한 것이다. 단군왕검의 조선 건국은 그 이전이다.

하(夏) 우(禹)

우(禹)(BC2100~BC2000)는 하(夏) 지역에 봉해진다. 안읍(安邑)〈산서성 운성시(运城市) 염호구(盐湖区)〉으로 간다. 〈禹封於夏, 受禪之後都平陽, 又徙安邑〉 노예제도를 채택한 국가라고 한다.

돈황(燉煌) 삼위산(三危山) - 석묘고성 - 분양(汾陽) - 분하(汾河) - 임분(平壤) - 제원시
상(商) 안양 - 상구

귀방(鬼方) 정복

은나라 무정(武丁)이 BC1291년 경인년(庚寅年)에 귀방(鬼方)을 정복한다.

단군 색불루(索弗婁)

22세 조선 단군 색불루(索弗婁) 원년 BC1285년 11월 상(商)나라 〈자순(子旬)〉 도읍 〈안양〉을 쳐부수고, BC1284년 2월 다시 황하로 가서 공격한다.

4권
예맥조선(穢貊朝鮮)

이 시기 융은 강족으로 남아 예맥으로 흡수된다.

1. 기자조선(箕子朝鮮)

기자가한(箕子可汗) | 기자성(箕子城)

진중시 유사현(榆社县) 기성진(箕城鎭)이 기자 가한(可汗)의 기자성(箕子城)이다.
BC1046년~BC195년 기자가 주나라 무왕에 의해 요서(遼西) 영지 조선에 봉(封)해진다.
기자 후손이 얼굴에 털이 많다는 기록이 있다.
조선성(朝鮮城)이 수양산(首陽山)에 있고 제원시(济源市)에 왕옥산(王屋山)이 있다.
종산(琮山) 백간수(白澗水)가 있는 추량(溴梁)에서 춘추 제후(春秋會諸侯)가 모여서 회의를 한다.

산융(山戎)

산융(山戎)은 조선이다. 고죽국(孤竹國)의 땅 영지현(令支縣)에 있다. 산융은 연나라를 자주 침범하였다. BC660년 제 환공은 군사를 일으켜 고죽과 이지(離支, 영지)의 땅을 쳐서 산융을 정복한다.

창해군(滄海郡)

BC195년 팽오가 예맥조선(穢貊朝鮮)을 물리친 후 한(漢)이 창해군(滄海郡)을 연나라와 제나라 사이에 설치하다. (彭吳穿穢貊朝鮮, 置滄海郡 則燕齊之間)

<옥해(玉海)>

2. 진(晉)

BC1046년 진(晉)이 운성시(运城市) 강현(绛县)에 도성(都城)을 만든다. 진(秦)이 강현(绛县)에 곡식을 보낸 기록이 있다. 진(晉)과 기자조선은 영역이 겹친다. 이는 같은 국가라는 것이다. 진(晉)이 춘추시대에 추량(溴梁)에서 제후회의를 열었는데 제(劑)나라가 미온적이다. 진(晉)은 기자조선의 다른 이름으로 볼 수 있다.

3. 정(鄭)

정(鄭)(BC806~BC375)나라 영토는 북쪽은 황하가 경계이고 남쪽은 뇌주반도(雷州半島)〈광동성(廣東省) 잠강시(湛江市) 뇌주시(雷州市)〉가 경계이다. 뇌(雷)는 발음이 〈레이〉다. 해남성(海南省)에는 여족자치현(黎族自治縣)과 여족묘족자치현(黎族苗族自治縣)이 있다. 광서장족자치구(廣西壯族自治區)〈계림시(桂林市) 전주현(全州縣)〉도 접해 있다. 이들 영토 중 어디까지를 한(韓)이 차지했는지는 알 수는 없다.

영토 크기

신정 - 광서장족자치구 - 뇌주반도 - 해남성 정나라 영토 폭은(?)

4. 한(韓)

BC403년 진(晉)이 3개국으로 분리되면서 한(韓)이 임분(臨汾)〈산서성 임분시(臨汾市) 곡옥현(曲沃顯)), 익성현(翼城顯)〉에서 건국하고 황하 서쪽 변에 한성(韓城)〈섬서성(陝西省) 위남시(渭南市) 한성시(韓城市)〉을 축성한다. 한(韓)나라 선조는 한원(韓原)에 봉해짐으로써 성을 한씨(韓氏)라고 했다. 사마천은 섬서성 한성현에서 출생했다.

BC375년 정(鄭)을 멸망시키고 수도를 임분(臨汾)에서 〈하남성 정주시(郑州市) 신정시(新鄭市)〉로 이전한다. 한(韓)의 영토가 섬서성 한성(韓城)을 포함해서 산서성 평양 그리고 정(鄭)나라 영토까지 3개 성에 걸쳐서 영토가 광대하다. 갑병 30만을 구비할 수 있다. BC230년 진(秦)에게 패망한다.

5. 위만 조선

조선 준왕이 한〈연〉나라에서 도망 온 위만에게 상장과 하장을 지키도록 하였는데 BC195년 위만이 기자조선을 찬탈한 후 위만조선(BC194년~BC108년)을 건국한다.

추수(溴水)

추수(溴水)가 종산(琮山)에서 흐른다는 기록으로 종산(琮山)을 지도에서 찾아 보면 북에서 남으로 추수〈망하(蟒河), Manghe River〉가 흘러 Y 자 형태로 제원시에서 격하〈湨河, Juhe River〉〈패수(浿水)〉와 만나 열수〈망하(莽河), Manghe River〉로 흐르는 것을 볼 수 있다. 추하는 하남성(河南省) 제원시(济源市)를 흐른다. (湨河在濟源縣)

패수(浿水)

낙랑군 루방현에서 패수가 동남쪽으로 흘러 임패현(臨浿縣)으로 가서 해(海)로 들어간다. 패수출낙랑군루방현(浿水出樂浪郡鏤方縣) 동남과임패현(東南過臨浿縣) 동입어해(東入於海)

<수경(水經)>

열수〈망하(莽河), Manghe River〉 | 제원시(济源市)

조선에는 습수(濕水), 산수(汕水), 열수(洌水)가 있는데 추수가 종산에서 흐르므로 산수이고 습수는 패수(浿水)이다. 이 세 강이 합해져서 열수(洌水)가 된다.

상장(上鄣)과 하장(下鄣)

추수와 패수가 제원시로 들어오면서 나란히 추수가 위(上)에서 흐르고 패수가 아래(下)에서 흐른다. 그래서 추수에 상장(上鄣)이 있고 패수에 하장(下鄣)이 있는 것이다. 열구(洌口)에서 만나서 열수로 흐른다.

심하(心河, Qinhe River) | 초작시(焦作市)

심하(心河, Qinhe River)와 태행산(太行山)을 흐르는 단하(丹河, Danhe River)가 〈초작시 심양시(沁阳市)〉에서 만나 심하(心河, Qin River)로 흐른다.

〈태행산, 심수, 수무, 무척〉과 〈무덕, 백향, 만선, 청화〉가 있다는 기록을 보고 지도에서 지명을 찾으니 〈하남성 초작시(焦作市)〉에 〈온현(溫县) 무덕진(武德镇)〉, 〈박애현(博爱县) 청화진(清化镇)〉, 〈심양시(沁阳市) 백향진(柏香镇)〉 모든 지명이 있다. 이는 심수(心水)에 대한 기록이고, 패수가 아니다.

왕검성이 있는 험독현(險瀆縣) 위치

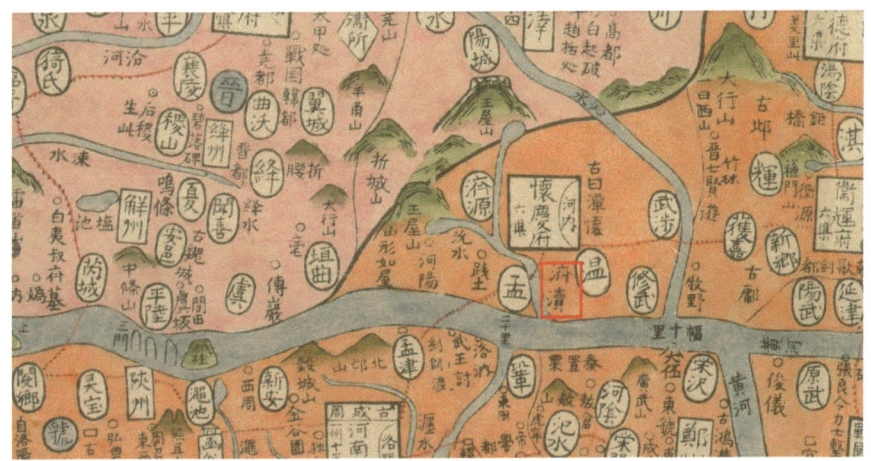

제독(濟瀆)

열구(洌口) | 열양(列陽) | 왕검성

조선은 열양의 동쪽, 海의 북쪽, 산의 남쪽에 있다. (朝鮮在列陽東 海北山南)

제원시〈습수-산수-열수〉〈패수-추수-열수〉〈열구(洌口)〉
사각형〈열양(列陽)〉 - 원 왕검성〈오룡구진(五龙口镇)?〉, 태행산 - 심하 - 단하 - 초작시〈진번조선〉

진번조선(眞番朝鮮)

진번조선(眞番朝鮮) 조선현(朝鮮縣)이 하남성(河南省) 초작시(焦作市)에 있다.

진번(眞番)과 진번(镇番)

진번(眞番)〈조선〉은 〈진짜 오랑캐 조선〉이라는 말이고 흉노의 본산 진번(镇番)〈무위(武威)시 민근현(民勤县)〉은 〈무찔러야 할 오랑캐 흉노〉이다.

숙신이 만든 조선과 흉노가 만든 월지국〈무위시〉이 전혀 별개인데 〈진번〉이라는 동일한 이름을 갖고 있다. 이를 근거로 〈진번+조선〉은 2개국이 아니고 1개 국가 진번조선국임을 알 수 있다.

5.1 조선 우거왕 – 한 무제 왕검성 전투

부발해(勃勃海) | 발해군(勃海郡)

BC108년 한(漢) 무제가 제나라 임치(臨淄)에서 병사 50,000명을 모집해서 제나라 발해군(勃海郡)〈창주시(滄州市) 맹촌자치현?〉 내항에서 〈부발해(浮勃海)〉하여 평양(왕검성)에 도착한 병사가 7,000명이었다. 열구(洌口)로 가던 중 조선 병사와의 전투로 43,000명을 잃은 것으로 볼 수 있다. 왕검성의 조선군이 한나라 군사 수가 적은 것을 보고 성을 나와 무찔렀다.

한 – 조선 전쟁 공격로

임치 – 고발해군(古勃海郡) – 열구(洌口)

6. 마한(馬韓) | 한왕(韓王)

준왕(準王)

BC230년 한(韓)이 진(秦)에게 멸망한 후 마한(馬韓)(BC230~BC195년~AD10년)이 신정(新鄭)〈정주시(鄭州市) 신정현(新鄭顯)〉에서 건국한다.

BC195년 조선〈기자〉의 준왕(準王)이 위만에 왕위를 찬탈당하자 황하를 건너 마한(馬韓)〈정주시(鄭州市) 신정시(新鄭市)〉을 공격한 후 한왕(韓王)이 된다. (攻馬韓 破之 自立爲 韓王)

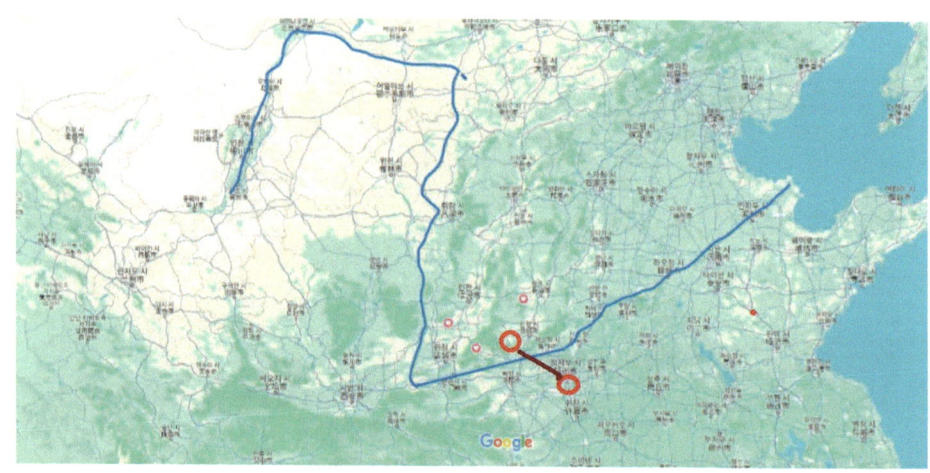

왕검성〈재원시〉 - 신정〈정주시〉

7. 진(辰) | 진한(辰韓)(BC222년~BC195년~BC86년~BC57년)

연이 멸망한 후 탁수(涿水)〈보정시(保定市) 탁주시(涿州市)〉가 흐르는 곳에 거주하던 주민들이 이주하여 진(辰)(BC230~BC86)〈석가장시(石家庄市) 진주시(晉州市)〉을 건국한다. 진(辰)이 진성(晉城)에서 〈개마대산과 황하를 의지〉하고 진번과 임둔을 깨뜨렸다는 기록도 있다.

진(秦)에게 연나라가 멸망(BC222년)당한 후에 유민이 남하해서 마한(馬韓)의 동쪽 하택 지역에 진한(辰韓)을 건국한다. 조선이 위만에게 찬탈당한 후에 참여 유민이 더 많아지고 12개의 각기 10,000호로 구성된 연맹체를 이룬다.

8. 변한(弁韓)(BC86년~BC39년~AD42년)

BC86년 부여가 〈하택시 동명〉을 떠나가고 남아 있는 유민들이 만든 국가가 변한 12개 부족 국가이다. BC39년 변한이 신라에 복속된 후에 그곳에 남아 있는 자들이 만든 국가가 낙랑국이다. 남옥저 지역이다. AD44년 후한 광무제가 낙랑국을 정복하고 군현으로 삼아 살수(薩水) 이남의 땅이 후한에 속하게 되었다.

낙랑국 | 죽령군

AD47년 낙랑국 도읍 옥저를 공격하니 남옥저로 도망갔다.
AD54년 대무신왕의 호동왕자가 낙랑국을 다시 빼앗고 죽령군이라고 했다.
변진(弁辰)에서는 철(鐵)이 생산되어 한(韓) 예(濊) 왜인(倭人)들이 사 간다. 모든 매매는 철(鐵)로 이루어진다. 낙랑(樂浪)과 대방(帶方)에도 공급한다.

삼한<마한, 진한, 변한>, 72국<10,000호> 어딘가?

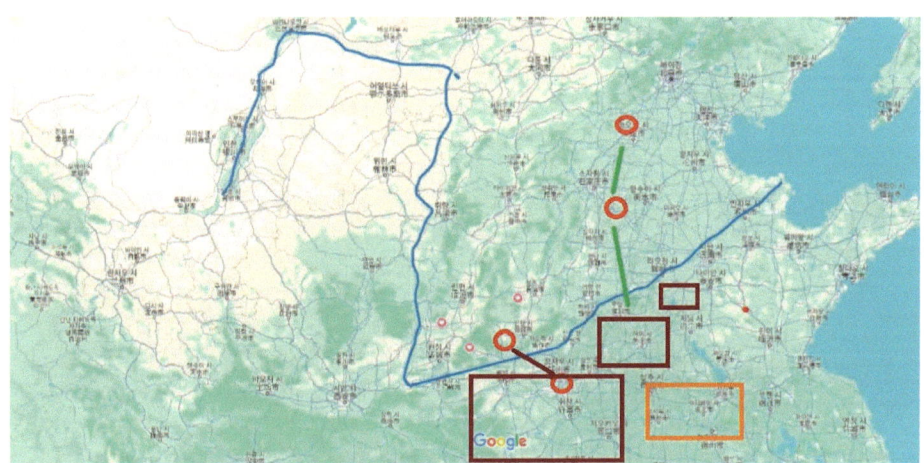

황하 – 마한 – 진한<하택시> – 변한<진한 남쪽> – 낙랑국<옥저>

** 가야가 황하에서 양자강으로, 다시 복건성으로 이동하는데 정확한 위치를 알기가 어렵다. 삼한의 크기를 나타내기도 어렵다. 대중으로 추정한 위치다.

5권
융예맥(戎濊貊)

1. 융적(戎狄) | 흉노(匈奴)

왜 이름이 흉(匈)인가? 아마도 얼굴에 털이 많은 것을 보고 붙인 이름으로 보인다. 박트리아 거주민이나 중동인이 털이 많다. 기자가한 후손이 털이 많다는 기록이 있다.

조(趙)

조(趙)가 BC434년(?)경 융적(戎狄)을 격파한다.

1.1 흉노(匈奴) 묵돌선우(冒頓單于) - 한(漢) 유방 백등산 전투

BC284년경 진개에게 패한 조선인 중 일부가 〈내몽고자치구(內蒙古自治區) 포두시(包头市)〉〈녹성(鹿城)〉으로 이동하여 흉노(匈奴)(BC209~AD155)가 된다. 흉노의 지리적 근간을 보면 오르도스, 진양, 포두시인데 이는 조선과 동일하다.

BC200년 흉노 묵돌선우(冒頓單于)(BC209년~BC174년)가 한(漢) 유방을 백등산에서 7일간 포위 굴복시킨다.

1.2 흉노(匈奴) 묵돌선우(冒頓單于) - 토하라족 서역 26개국 전쟁

BC176년경 묵돌선우는 월지, 누란, 오손, 호게 포함 26국을 평정한다.
누란국은 백인종 토하라족이다.

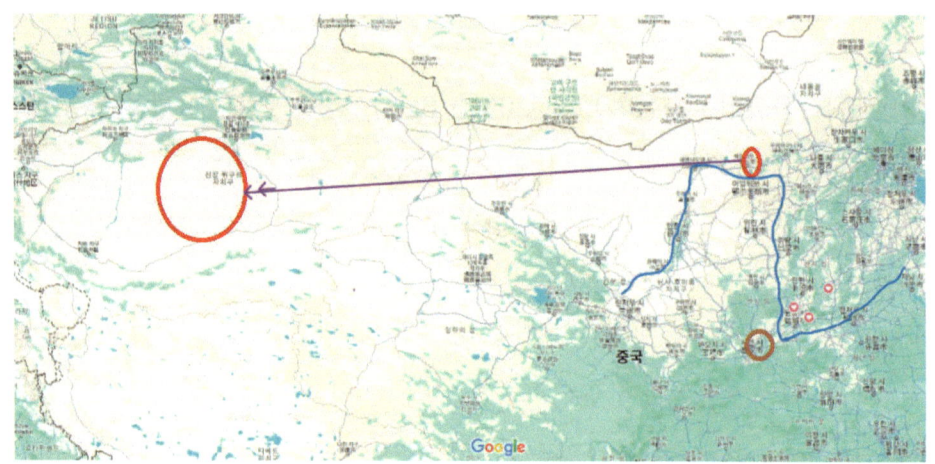

서역 26국 - 포두시, 서안시

2. 신라(新羅)

금성(金城)

한 무제가 김일제를 BC86년 〈하택(荷澤)시 성무현(成武顯)〉에 있는 투국(秺國)의 투정후(秺亭候)로 봉한다. 투정후(秺亭候) 김일제(金日磾)가 7대에 걸쳐 돈황을 다스렸다.

김상(~BC42)이 투후일 때 무위시(武威市)에서 50,000명이 〈하택시 성무현〉으로 이주한다.

BC57년 박혁거세가 13세에 즉위 거서간(居西干)이라 하고 국호를 서라벌이라 하였다.

BC53년 비로 알영을 맞이한다. 이성(二聖) 시대가 된다.

BC32년 투성(秺城)〈하택(荷澤)시 성무현(成武顯)〉에 금성(金城)을 세운다.

합비(合肥)〈노주(盧州)〉 | 〈경주(慶州)〉

신라 도읍이 당시에 경주(慶州)〈안휘성(安徽省) 합비시(合肥市) 여양구(庐阳区)〉이다.

여(庐)를 노(庐)로 읽는다. 노주(盧州)이다. 노주(盧州)가 경주(慶州)라고 대청광여도(大淸廣輿圖)에 설명되어 있다.

내물마립간(奈勿麻立干) | 성한왕(成漢王)?

김일제 후손이 왕망 모반으로 서안에서 성도(成都)로 가서 저족 이씨가 된 후 성한왕이 될 수 있다. 소문황제(昭文皇帝) 이수(李壽, 338년~343년)가 338년에 국호를 성(成)에서 한(漢)으로 변경하였기에 비문에 태조성한(太祖星漢), 태조한왕(太祖漢王)이 된다.

성한(成漢, 304년)이 동진에게 347년 멸망한 후 356년 내물마립간이 신라에 등장한다.

내물마립간(356년~402년) 시기에 위두(衛頭)가 381년 전진(351년~394년)에 사신으로 가니 부견(재위 357년~385년)이 〈언어가 예전과 다르다〉고 말하자 위두가 그렇다고 답한다.

용암(龍岩) 신라성

〈복건성(福建省) 용암시(龍岩市) 신라구(新罗区)〉가 신라성이다.

황남대총

스키타이인의 쿠르간(kurgan)이다.

구례산(久禮山)

신라성(新罗城) 인근 구례산〈복건성(福建省) 장주시(漳州市)〉을 중심으로 〈신라(新羅), 안라(安羅), 탁순(卓淳)〉이 인접한다. 신라가 탁순을 흡수할 것을 안라가 염려했다.

신라산(新罗山)

〈절강성(浙江省) 온주시(溫州市) 평양현(平阳县)〉의 남쪽 2리에 신라산(新罗山)에 신라국 왕묘가 있다.

2.1 신라<계림>(탈해이사금) - 백제(다루왕) 와산성 전투 | 계림(鷄林)

AD61년 마한의 장수 맹소(孟召)가 복암성(覆巖城)을 바치고 신라에 항복했다.

AD63년 10월 하남위례성의 백제 다루왕이 낭자곡성(娘子谷城)까지 땅을 개척하고 신라왕을 만나자고 하니 신라 탈해이사금이 거부한다.

AD64년 8월에 백제가 와산성(蛙山城)을, 10월에 구양성(狗壤城)을 공격했으나 신라가 기병 2,000명을 보내 방어했다.

AD65년 김알지가 계림에 나타나자 탈해이사금은 국호를 시림(始林)에서 계림(鷄林)으로 변경한다.

AD66년 백제는 다시 와산성(蛙山城)을 빼앗고 수비병 200명을 주둔시켰으나 신라가 곧바로 빼앗았다.

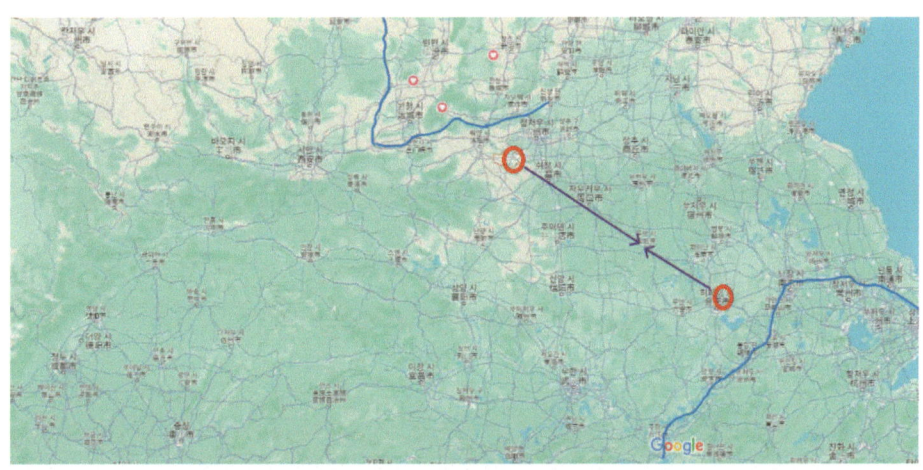

등봉시 하남위례성 - 합비시

2.2 신라 (파사이사금) - 금관국 (수로왕) 마두성(馬頭城) 전투

87년 신라가 서쪽으로 백제와 이웃하고 남쪽으로 가야와 접근하여 가소성(加召城)과 마두성(馬頭城)을 쌓았다.

94년 가야가 신라 마두성(馬頭城)〈안휘성(安徽省) 회남시(淮南市) 수현(寿县)〉을 포위하므로 기병 1,000명으로 물리쳤다. 일천에서 열병을 하였다.

96년 가야가 남쪽 변방을 침범하여 왕이 5,000명을 이끌고 물리쳤다.

97년 가야를 치려다가 사신을 보내 사죄하므로 중지했다.

101년 2월 성을 쌓고 월성(月城)이라 이름하고 7월 왕이 그곳으로 이거한다. 102년 금관국 수로왕의 중재로 땅을 음집벌국에게 주었다.

106년 8월 마두성주를 시켜 가야를 쳤다.

108년 사자를 10도에 보내 창고를 열어 곡식을 나누어 주었다.

마두성 - 합비 양자강

2.3 신라 (지마이사금) - 금관국 수로왕 황산하(黃山河) 전투

115년 가야가 남쪽을 침범하므로 신라 왕이 보기병을 데리고 황산하(黃山河)〈산동성 청도시(青島市) 평도시(平度市)〉를 지나가는데 가야 복병을 만나 돌진했다.

116년 장수를 보내 가야를 치게 하고 왕은 10,000을 거느리고 뒤따라갔으나 가야가 성문을 닫고 지켜서 돌아왔다.

**신라가 합비에 있고 금관가야가 어디에(?)

황산하(黃山河)〈평도시(平度市)〉, 청도시(青島市)

2.4 신라(아달라이사금) - 백제 초고왕 한수(漢水) 전투

158년 죽령을 개통하고 왜인이 예방하였다. 160년 금성 북문이 무너졌다.

167년 백제가 서쪽 2개 성을 공격하여 1,000명을 잡아가서 8월 일기찬에게 군사 20,000명을 주고 왕이 기병 8,000명을 인솔하여 한수(漢水)로부터 공격하니 포로를 돌려주고 화친을 청한다.

173년 왜 여왕 비미호(卑彌呼)〈필리핀〉가 신라에 사신을 보내왔다.

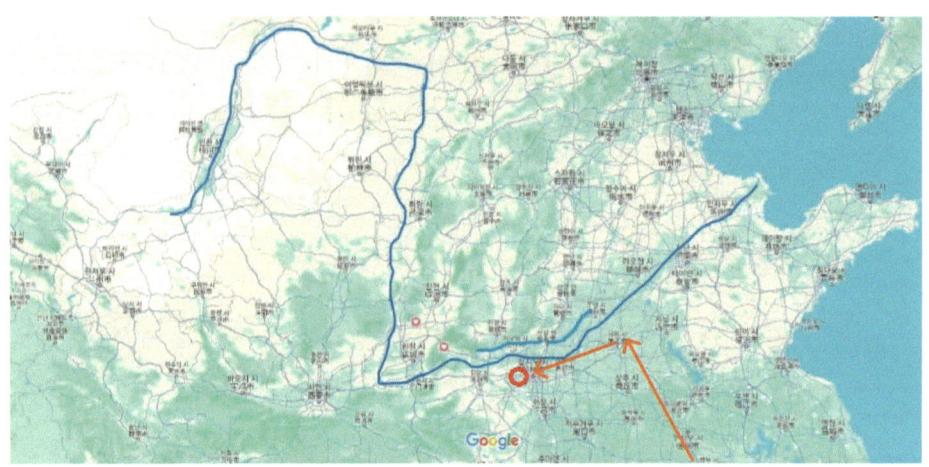

하택시 - 낙양 〈당시 황하가 한수이다〉

2.5 신라 – 백제 항성

항성(項城)

신라가 합비에서 당나라 낙양으로 가기 위해 항성〈하남성 주구시(周口市) 항성시(項城市)〉을 지날 때 백제 군사가 막아 낙양으로 갈 수가 없었다는 기록이 있다. 신라의 도읍 위치가 항성 남쪽임을 알 수 있다. 신라와 백제가 황하 남부를 양분했음을 알 수 있는 기록이다.

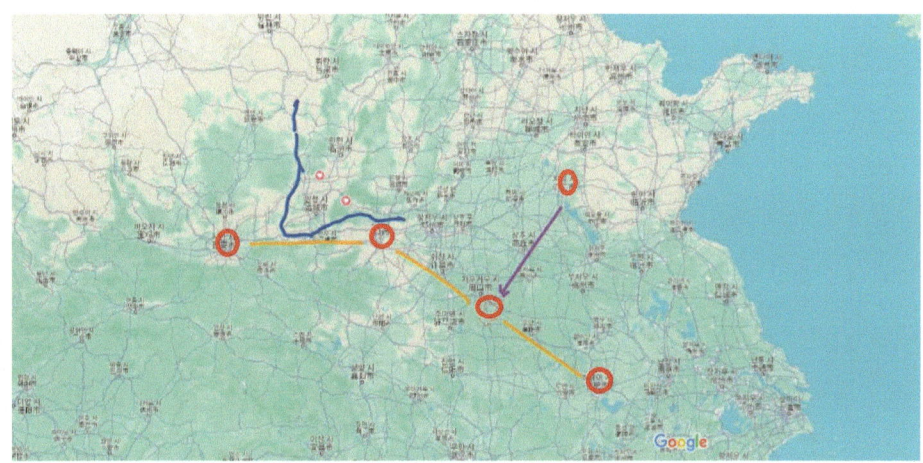

서안 – 낙양 – 항성 – 합비 사비성〈제녕시 연주구〉

2.6 신라(진평왕) - 고구려(영양왕)<온달> 아단성 전투

553년 고구려 양원왕이 신라 진흥왕에게 빼앗긴 죽령 서쪽 땅을 수복하고자 590년 영양왕 때 온달 장군이 출병하였으나 아단성(阿旦城)에서 신라 병사가 쏜 화살에 맞고 전사한다.

아단성(阿旦城)은 고구려 장수왕 때 개로왕을 처단한 곳이다. 한성과 아단성과 죽령군이 가까이 있음을 알 수 있다.

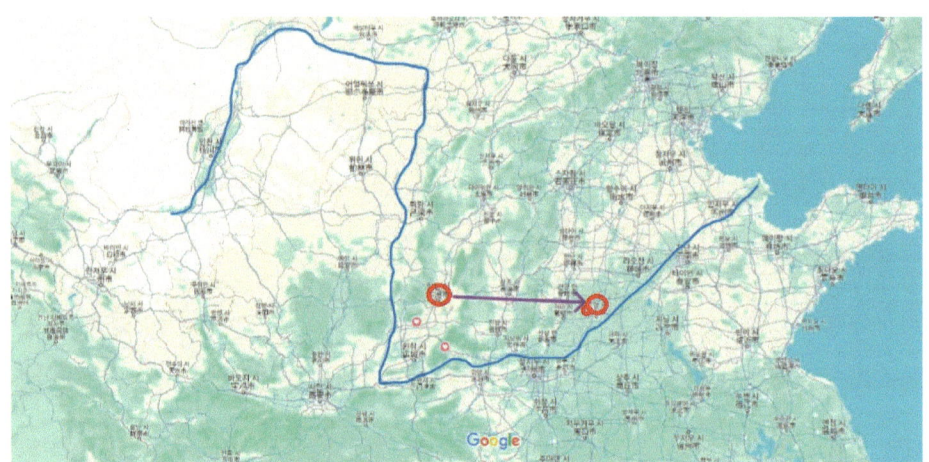

평양〈임분〉 - 한성〈복양〉 - 아단성

2.7 {신라(무열왕)<김유신>+당(고종)<소정방>} - 백제(의자왕) 전쟁

660년 김유신 장군이 양곡(暘谷)〈유성시(聊城市) 양곡현(阳谷县)〉을 출발하여 정예 군사 5만 명을 거느리고 황산벌(黃山之原)에서 계백 군사와 싸운다.

소정방은 래주(萊州)를 출발하여 기벌포(伎伐浦)서 백제 군사와 싸운다. 덕물도〈제녕시(濟寧市) 미산현(微山顯) 미산도(微山岛)〉로 와서 〈사비성(泗沘城)〉〈연주부(兖州府) 혹은 사수현)〉으로 진격한다. 백제 의자왕이 웅진으로 도주 항복한다.

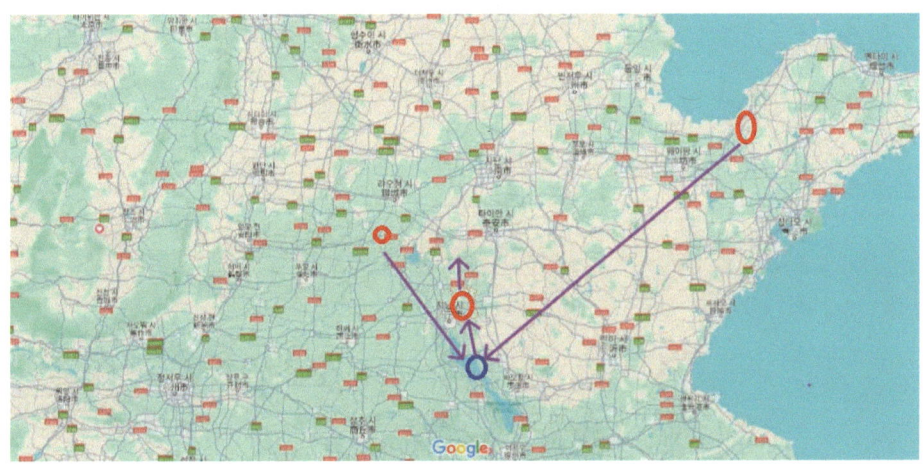

양곡〈양곡현〉〈우이〉 → 덕물도〈미산도〉 → 연주구〈사비성〉 공격, 웅진으로 도주
산동성 래주 → 덕물도〈미산도〉 공격

2.8 {당+신라} - {백제 부흥군+왜} 백강구 전투

회하구(淮河口)가 663년 〈백제, 왜〉와 〈당, 신라〉 간 해상전이 있었던 백강구(白江口)이다. 663년 〈백제 부흥군과 왜〉와 〈당과 신라〉가 백강구〈강폭 10리, 4km〉에서 해상 전투를 한다. 왜선 400척이 불타 침몰한다.

대청광여도를 보면 서추산(西鄒山)이 있는 회하구(淮河口) 폭이 10리로 기재되어 있고 사비성〈연주부〉으로 갈 수 있다. 지금은 강 흐름이 변경되어 당시를 잘 알 수 없다.

백강구〈사수〉 - 사비성〈연주부(兗州府)〉

연운항(連雲港) | 백강구(白江口)

2011년 강소성(江蘇省) 연운항(連雲港)에서 790기의 백제계 돌방무덤이 발견되었다. 원래는 2,000기라고 한다. 663년 연운항 백강구 전투 중 사망한 백제 군사의 무덤일 수 있다.

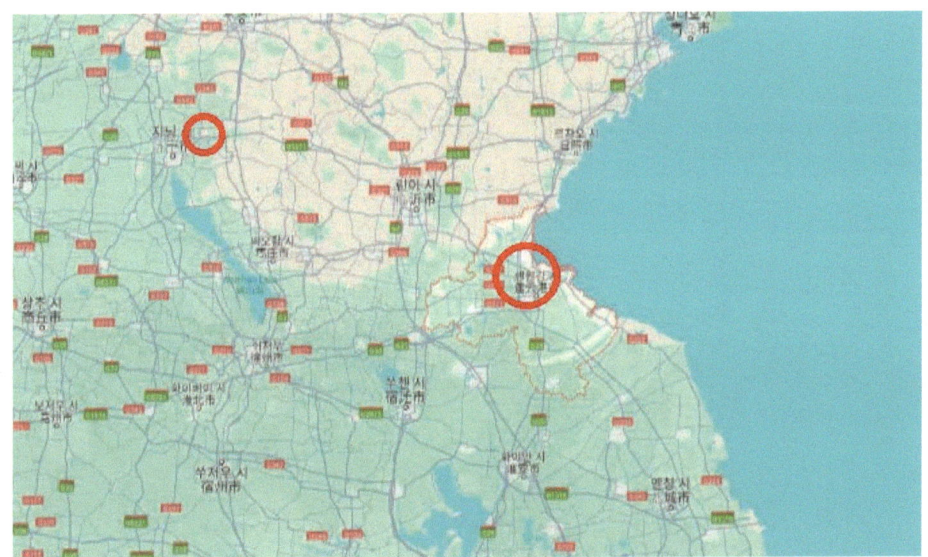

백제 사비성 – 연운항

3. 고구려(高句麗)

3.1 고구려 건국 졸본 & 평요

BC37년 동부여를 탈출하여 현도에서 말갈족을 몰아내고 고구려를 건국한 후 소서노를 만나게 된다. 그녀가 졸본 땅을 주몽에게 바친다. 도읍 동도를 만들고, BC36년 다물 지역을 점령하고, BC29년 북옥저를 점령하고, BC28년 서도(평요)를 세운다.

동도〈현도〉→ 졸본〈요동성〉〈좌권현〉→ 평요〈국내성〉

요동성 <수양제 공격>

살수와 요수 사이에서 요동성을 찾아보면 〈산동성(山東省) 유성시(聊城市) 동창부구(东昌府区)〉로 추정해 볼 수 있다.

옥저(沃沮)

한 무제가 진번군(眞番郡)과 임둔군(臨屯郡)을 폐지한 후 이 지역이 옥저(沃沮)가 된다.

읍루(挹婁) | 도이(島夷) | 왜(倭)

읍루(挹婁)가 배를 타고 호타하에서 북옥저를 노략질했다. 산동성이 섬일 때 도이(島夷)라고 한다. 신라와 백제가 남하하면 따라서 양자강으로 내려가고 남부해안으로 이동하여 왜(倭)가 된다.

현도(玄菟) | 고구려 건국지

주몽이 동부여〈장치시(长治市) 여성현(黎城县)〉를 탈출하여 현도〈형태시 영진현(宁晋县) 봉황진(鳳凰鎮)〉에서 말갈인들을 몰아내고 고구려를 건국한다. 옥저(沃沮)가 현도를 기준하여 북옥저, 남옥저로 분리된다. 당 태종이 유성시(聊城市)를 출발하여 공격한 곳이다.

현도(玄菟) 2

〈석가장시(石家庄市) 고읍현(高邑县), 후성, 형수시(衡水市) 요양현(饶阳县)〉으로 현도군을 이동하여 다시 설치한다.

국내성(國內城)

〈산서성(山西省) 진중시(晉中市) 평요현(平遙顯) 평요고성(平遥古城)〉이 고주몽이 BC28년 축성한 서도 국내성(國內城)이다.
광개토태왕 때까지 300년간 고구려 도읍이다.

환도산성(丸都山城)

분양(汾陽)〈산서성(山西省) 여량(呂梁)시 분양(汾陽)시〉이 환도산성이다. 산상왕 때 198년 산성을 쌓고 209년 이곳으로 도읍을 옮겼다.

동황성(东黄城)

고국원왕이 모용황과의 전쟁으로 환도산성이 파괴되자 분양(汾陽)〈환도산성〉에서 343년 가을 동황성(東黃城)〈城在今西京東木頁山中〉〈형수시(衡水市) 안평현(安平縣)동황성향(东黄城乡)〉으로 천도한다. 근초고왕은 371년 10월에 군사 3만을 이끌고 평양〈동황성〉을 공격하여 고국원왕을 살해한다.

평양(平阳)

임분〈산서성(山西省) 임분시(临汾市)〉이다. 요나라, 하나라, 한(韓)나라가 도읍으로 사용했다. 고구려 동천왕이 잠시 사용했었고 427년 장수왕이 이곳으로 도읍을 옮긴다.

장안성(長安城) | 평양

AD586년 평원왕이 임분(临汾)〈평양〉에서 장안성〈석가장시(石家庄市) 장안구(长安区)〉으로 도읍을 옮긴다.

평양하(平壤河)

보장왕 19년 660년 7월 고구려 평양하(平壤河)의 물이 3일 동안 핏빛(血色)으로 물들었다. 〈平壤河水血色〉 평양하를 통해서 역으로 평양의 위치를 알 수 있다.

능안고성

천리장성의 북쪽 끝이 능원고성이다. 〈조양시(朝阳市) 능원시(凌源市)〉이다.

부여성

667년 설인귀가 신성을 점령한 후 주변의 만류에도 속전속결 전략으로 부여성 공격을 감행한다. 신성 주변에는 지도에 순천부(順天府)가 있다. 668년 부여성이 주변 40개 성과 함께 당에 함락되었다. 신성과 부여성은 이웃에 위치하기에 부여성(扶餘城)을 〈북경시(北京市) 통주구(通州区) 로성진(潞城镇)〉으로 볼 수 있다.

신성(新城)〈천리장성〉

보정시 고비점시(高碑店市) 신성(新城)진이다. 주변에 부여성〈북경 통주구〉이 있다.

건안성(建安城)

631년 〈형태시 광종현(广宗县)〉에 건안성(建安城)을 세운다.
645년 영주 도독 장검이 이민족으로 편성된 군사를 거느리고 선봉이 되어 요수의 남쪽 하구를 건너 건안성을 공격한다. 당군의 공격을 물리친다.
676년에 당나라가 웅진도독부를 건안성으로 옮겼다.

비사성(卑沙城)

고구려-당 전쟁을 보면 비사성, 신성, 개모성이 가까이 있음을 알 수 있다. 형태시 동쪽이 비사성이다. 덕주시 인근인데 모르겠다.

평양하(平壤河)

660년 7월 보장왕 19년 고구려 평양하(平壤河)의 물이 3일 동안 핏빛(血色)으로 물들었다는 기록이 있다. 평양(平壤)〈석가장시 장안성〉인근 부양하(滏阳河, FuyangRiver)가 평양하(平壤河)임을 발음으로 알 수 있다.

요동성 〈당 태종 공격〉 | 졸본(卒本)

645년 5월 17일 당 태종이 요동성〈진중시(晉中市) 좌권현(左权顯) 요양진(辽阳镇)〉을 점령한 후에 유사현(榆社顯)과 좌권현(左权顯)을 함께 요주(遼州)로 개칭한다.

백암성(白巖城)

당 태종이 645년 5월 남쪽의 백암성(白巖城)〈한단시 섭현(涉县) 백암〉을 공격하고 645년 6월 1일에 백암성(白巖城)을 점령하였다. 당 태종이 암주(巖州)로 명명한다.

개모성

BC37년 주몽이 최초로 축성한 도읍이 동도 개모성이다. 645년 5월 이세적과 도종이 개모성을 쳐서 빼앗고 개모성을 개주(蓋州)로 한다.

신성(新城) <당 태종 공격>

당 태종이 공격한 신성은 〈형태시 사하시(沙河市) 신성(新城)진〉이다.

신성(新城) <당 고종 공격>

신성(新城)〈보정시 고비점시(高碑店市) 신성(新城)진〉이다.

당산(唐山)

〈형태시 융요현(隆尧县) 고성진(固城鎭)〉을 당산(唐山)으로 볼 수 있다.

봉황성(鳳凰城)

당산(唐山)에서 동북 70리에 봉황성(鳳凰城)〈형태시(邢臺市) 영진현(宁晋县) 봉황진(鳳凰鎭)〉이 있다. 고구려 동도(東都)로 추정된다.

안시성(安市城)

안시성(安市城)은 〈석가장시 고성구(藁城區)〉이다. 평양(장안성)과 안시성이 60리 거리다.

3.2 고구려 산산왕 왕후 우씨(于氏)

발기 내란

196년 고국천왕 사후 왕후 우씨(于氏)가 산상왕을 택하자 발기가 반란을 일으켜 공손탁에게서 3만 명을 지원받아 197년 고구려로 쳐들어갔지만, 동생 계수에게 패한 후 배천(裴川)〈하남성(河南省) 낙양시(洛陽市) 낙하(洛河)〉에서 자결한다.

배령(裴嶺)

산상왕은 계수(罽須)의 청을 받아들여 발기를 배령(裴嶺)〈하남성(河南省) 낙양시(洛陽市) 숭현(嵩縣) 배령촌(裴嶺村)〉에 장사 지낸다. 우씨의 산산왕 선택으로 발기의 반란이 일어나 고구려가 200년간 보통 국가가 된다.

평요 – 낙양 – 배천(裴川) – 배령(裴嶺)

3.3 고구려(동천왕) - 위(조방) <관구검> 환도산성 전투

환도산성 | 분양(分攘)

204년 공손강이 등장하고 소노부(消奴部) 30,000 하호가 그에게 간다.
209년 산상왕이 분양(分攘)<환도산성(丸都山城)>으로 들어간다.

왕기 | 비미호

247년 위가 왕기를 왜 여왕 비미호(卑彌呼)<필리핀>에게 사신으로 보낸다.

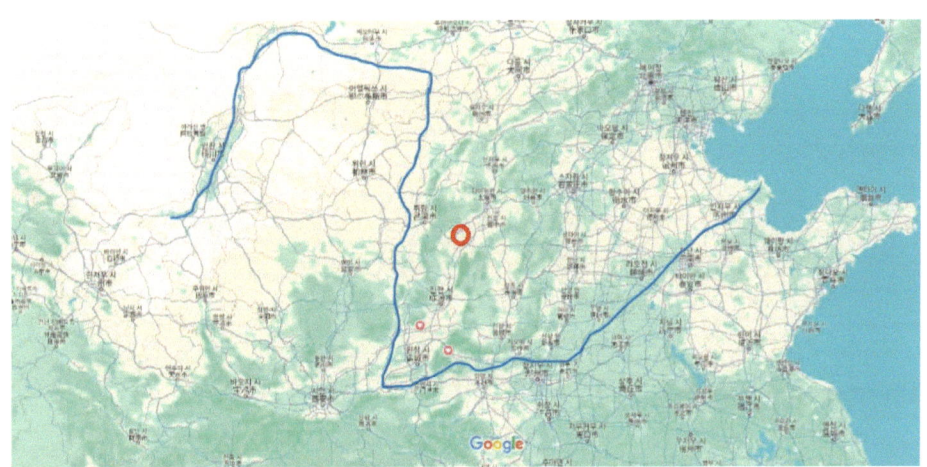

환도산성<분양>

3.4 고구려(미천왕) - {낙랑+대방} 정복

미천왕(美川王)은 평양〈임분(临汾)〉에서 313년에 낙랑군을, 314년에 대방군을 점령하였다.

평양〈임분(临汾)〉 - 대방〈운성시〉 - 낙랑〈원곡〉

3.5 고구려(고국원왕) - 전연(모용황) 2차 환도산성 전투

342년 고국원왕이 임분에서 환도산성으로 수도를 옮기자 모용황이 용성〈복양시 화룡구〉〈화룡성〉으로 수도를 이전한 후 11월 고구려 환도산성을 공격하여 50,000명을 잡아가고 미천왕 시신을 탈취한다.

용성〈화룡성〉 - 환도산성 - 동황성

3.6 고구려(고국원왕) - 백제(근초고왕) 동황성 전투

343년 고국원왕이 평양〈동황성(東黃城)〉으로 도읍을 이전한다.

371년 10월에 근초고왕이 정예 군사 3만을 이끌고 평양성〈동황성〉을 공격하자 고국원왕이 전투 중 사망한다.

371년 근초고왕이 한성(漢城)으로 도읍을 이전한다.

하남위례성〈등봉시〉 - 동황성〈안평현〉 - 한성〈복양〉

3.7 고구려(소수림왕) – 백제(근초고왕) 수곡성 전투

371년 소수림왕이 국내성(國內城)〈평요〉으로 도읍을 이전한다.

375년 소수림왕이 백제의 수곡성을 공격해 빼앗았는데 근초고왕이 상해를 당하고 이후 사망한다.

국내성〈평요〉 – 수곡성 – 한성〈복양〉

3.8 고구려(소수림왕) - 백제(근구수왕) 국내성 전투

377년에는 백제 근구수왕이 군사 30,000명을 거느리고 평양성〈평요(平遙)〉으로 재차 침공해 왔지만 소수림왕이 막아 내고, 11월에 백제를 침공하였다.

국내성〈평요〉 - 한성〈복양〉

3.9 고구려(광개토태왕) - 백제(아신왕) 한성 전투

396년 영락 6년에 왕이 수군을 이끌고 백제를 토벌하였다. 아신왕이 남녀 포로 1,000명과 삼베 1,000필을 바쳐 항복하였다. 58개 성, 700개 촌을 얻었다.

평양〈평요〉 - 한성〈복양〉

3.10 고구려(광개토태왕)-왜 신라성 회복 전쟁

400년 고구려 광개토태왕이 서구와 해성에게 보병과 기병 5만을 주고 신라를 구원하게 했다. 남거성(男居城)을 거쳐 신라성〈복건성 용암시 신라구〉에 도착해 왜적을 쫓아서 왜의 임나가야 종발성(從拔城)을 정복하였다.

〈임나〉, 〈안라〉, 〈가락〉이 광개토태왕에게 사신을 보냈다는 기록이 있다.

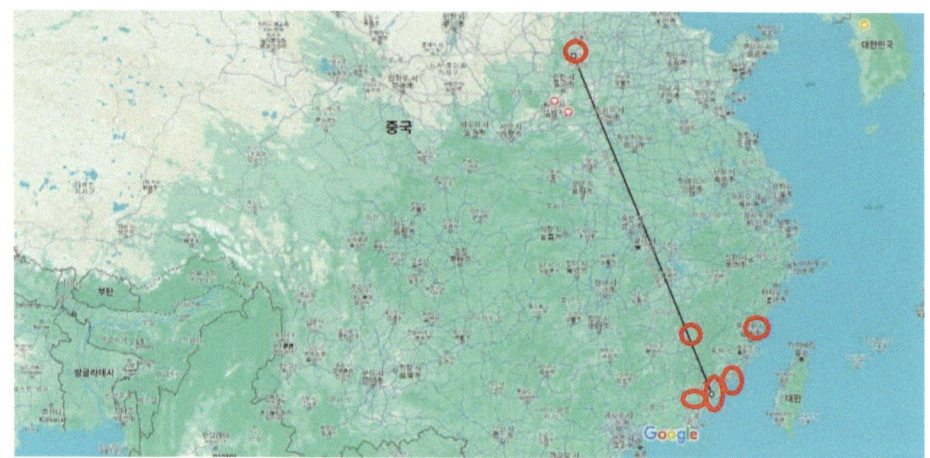

평양〈평요(平遙)〉 - 1,500km - 용암시 - 장주시〈안라〉 - 하문시〈임나〉 - 복주시〈가락〉

3.11 고구려(광개토태왕)-동부여 여성(餘城) 토벌

411년 고구려 광개토태왕이 직접 동부여의 도읍인 여성(餘城)〈장치시(長治市) 여성현(餘城縣)〉을 토벌하였다. 성(城)이 64개, 촌(村)이 1,400개였다.

평요(平遙)〈평양〉 – 여성(餘城)

3.12 고구려(장수왕) - 백제(개로왕) 한성 전투

475년 고구려 장수왕이 백제의 한성(漢城)을 공격하여 점령하고 개로왕을 아단성에서 처단한다.

평양〈임분〉 - 한성〈복양〉

3.13 고구려(보장왕) – 당(고종) 장안성 전투 <해상 침공>

661년 당나라는 44,000명을 6개 부대로 편성하여 호타하에서 해상으로 평양(장안성) 침공을 시도하지만 662년 패퇴한다.

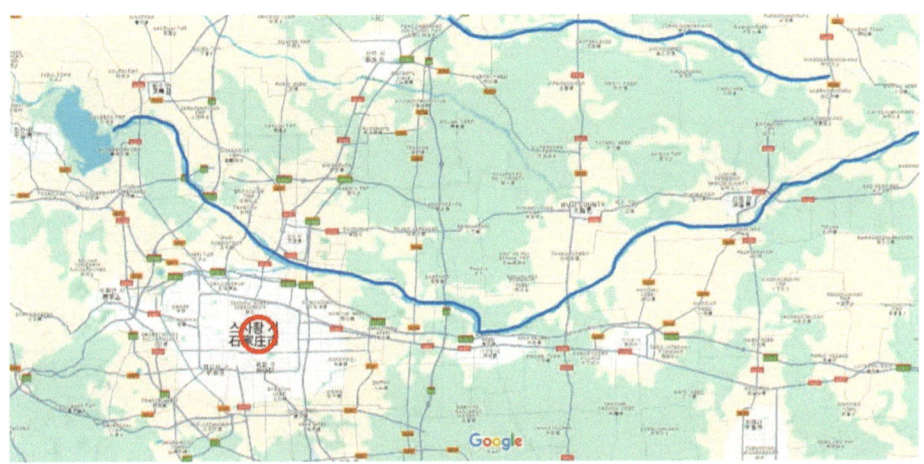

호타하 – 평양(장안성)<석가장시>

3.14 고구려 보정왕 연남건(淵男建) - 당 고종 설인귀 부여성 전쟁

666년 고구려 보장왕 25년에 설인귀는 신성(新城)에 도착하여 남건이 보낸 고구려 군사를 격퇴하고 3성을 함락시킨다.

668년에 2천 명을 거느리고 부여성(扶余城)을 쳐서 함락시킨다.

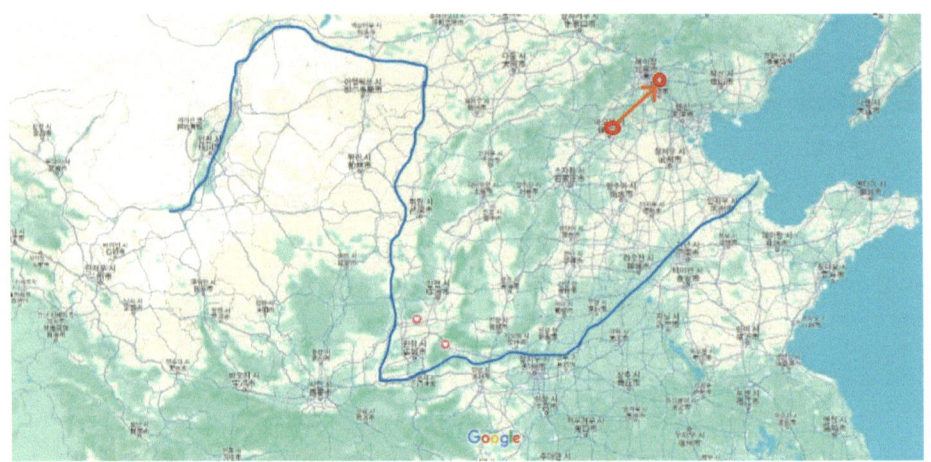

신성 - 부여성

3.15 {당(고종)+신라(문무왕)} - 고구려(보장왕)전쟁

665년 연남생이 당에 투항하자 666년 12월 당 고종은 이세적을 요동도 행군대총관으로 임명하고 고구려를 공격한다. 신성(新城)〈천리장성〉과 주변 16성을 함락시키고 668년 2월 20일 부여성을 점령한다. 부여성 주변 40여 성이 모두 항복한다. 668년 6월 신라 문무왕은 김흠순과 김인문을 장군으로 군사를 출동시키자 고구려 남부의 군사 요충지였던 대곡성(大谷城)과 한성(漢城) 등 2군 12성이 항복한다. 신라군은 668년 9월 평양에 주둔하고 있는 당나라 군대와 장안성을 포위하자 승려 신성(信誠)이 성문을 열었다. 당은 고구려를 〈9도독부 42주 100현〉으로 만들고, 평양(장안성)에 안동도호부를 설치하고 설인귀(검교안동도호)와 군사 20,000명을 주둔시켰다.

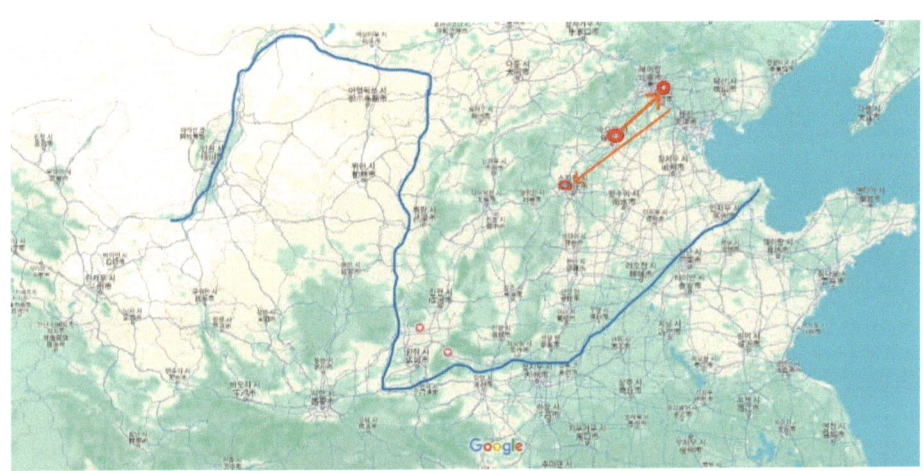

평양(平壤) 장안성 – 신성 – 부여성

3.16 동방왕조 | 기사 호궤(胡跪)

동방왕조 왕의 특징은 편두를 했고 왕관을 위에서 보면 까마귀가 나는 모습을 형상화한 십자가 형태이다.

까마귀는 케레이의 상징이다. 동방왕조 기사들의 호궤(胡跪)를 보면 오른쪽 무릎을 굽히고 왼쪽 무릎을 세워서 편(申)다. 고구려 호궤와 똑같다. 동방왕조의 최측근 기사인 호위기사가 고구려 호궤를 한다면 동방왕조는 당연히 고구려 왕과 관련이 있다.

3.17 고구려 도읍도(都邑圖)

5부, 176성, 69만여 호, 동서 6,000리

임분 - 평요 - 분양 - 형태시 - 석가장시 - 동황성

평양〈동도〉〈봉황성〉〈형태시 영진현 봉황진〉

평양〈서도〉〈진중시 평요고성(平遙古城)〉〈국내성〉

평양〈북도〉〈북옥저〉〈석가장시 장안구〉

209년 산상왕 평양〈여량(呂梁)시 분양(汾陽)시〉〈환도산성〉

247년 동천왕 평양〈임분(临汾)시 요도구(尧都区)〉

342년 고국원왕 평양〈여량(呂梁)시 분양(汾陽)시〉〈환도산성〉

343년 고국원왕 평양〈동황성〉〈형수시 안평현 동황성향(东黄城乡)〉

371년 소수림왕 평양〈진중시 평요현 평요고성(平遙古城)〉〈국내성〉

427년 장수왕 평양〈임분시 요도구(尧都区)〉

586년 평원왕 평양〈석가장시 장안구(長安區)〉〈장안성〉

668년 보장왕 평양〈석가장시 장안구(長安區)〉〈장안성〉

3.18 천리장성(千里長城)

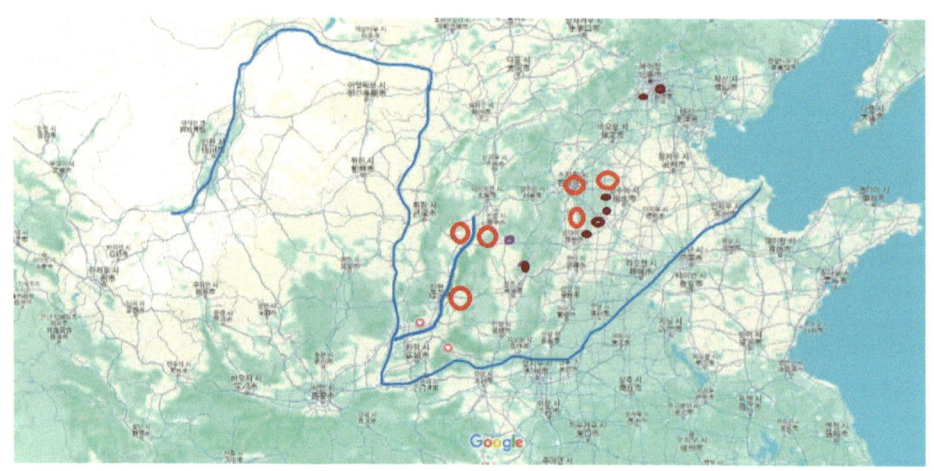

능안고성〈조양(朝阳) 능원시(凌源市) 능북진(凌北镇)〉

부여성(扶餘城)〈북경시 조양구(朝阳区)〉

신성(新城)〈보정시 고비점시(高碑店市) 신성(新城)진〉, {당 고종 공격}

요동성(遼東城)〈진중시 좌권현(左权县) 요양진(辽阳镇)〉, {당 태종 공격}

백암성(白巖城)〈한단시 섭현(涉县) 백암〉

안시성(安市城)〈석가장시 고성구(藁城区) 고성(藁城)〉

개모성(蓋牟城)〈형태시 형태현(邢台县)〉

신성(新城)〈당태종〉〈형태시 사하시(沙河市) 신성(新城)진〉

건안성(建安城)〈형태시 광종현(广宗县)〉

비사성(卑沙城)〈해(海) 덕주시(?)〉

오골성(烏骨城)〈봉황성〉〈형태시 영진현(宁晋县) 봉황진(鳳凰鎭)〉

부여성에서 황하까지 영류왕 631년에 축조하기 시작해서 보장왕 646년 천리장성을 완성하였다. 평양〈장안성〉기준으로 하여 동북에 있는 부여성에서 시작하여 동남 海〈황하〉에 있는 비사성까지 1,100리이다. (王動衆築長城 東北自扶餘城 東南至海千有餘里)

4. 백제(百濟)

4.1 백제(온조) – 낙랑 위례성 전투

BC18년 온조가 위례성(慰禮城)〈산서성 운성시(运城市) 직산현(稷山县)〉을 세웠다. BC6년 낙랑과 말갈로부터 공격을 당하자 도읍을 옮긴다.

낙랑 ↔ 위례성〈직산현〉

4.2 하남 위례성 천도

BC5년 온조가 한산(漢山)〈숭산(嵩山)〉〈부아악(負兒岳)〉에 올라 하남 위례성〈정주시 등봉시(登封市)〉로 천도하였다.

사수(蛇水)

강 모양이 뱀처럼 보인다. 이름이 사수(蛇水)다. 동쪽에서 숭산(嵩山) 북쪽까지 성을 쌓았다.

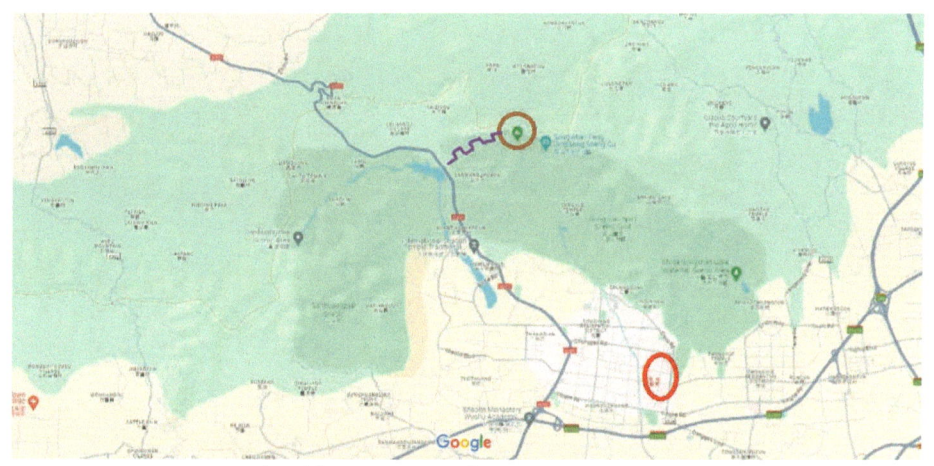

사수(蛇水){강 모양이 뱀이다} - 사성(蛇城) - 숭산(嵩山)

4.3 백제(온조왕) & 고구려 - 마한 3년 전쟁

AD7년~AD10년 3년 동안 백제가 고구려의 지원으로 마한〈정주시 신정시〉을 공격하여 정복한다.

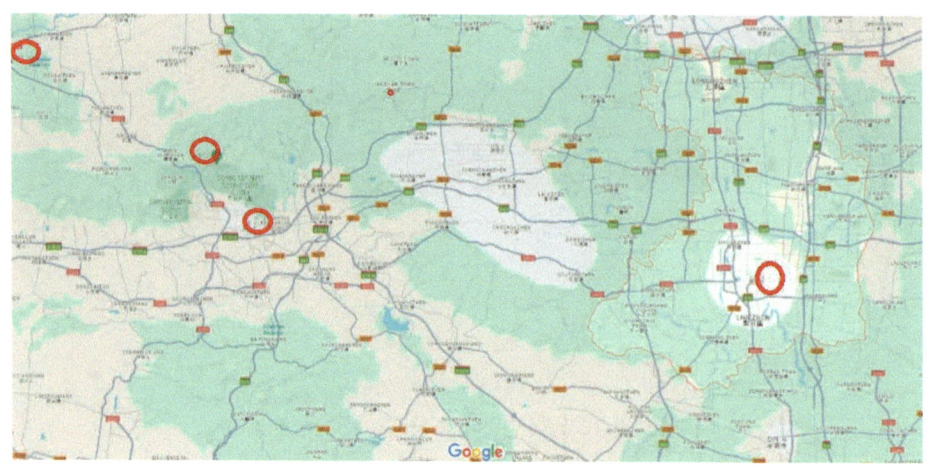

낙랑 → 숭산〈부아악에 올라〉〈정주시 등봉시〉 ↔ 마한〈정주시 신정시〉 60km

4.4 부여 현왕이 근초고왕인가?

346년 모용황(慕容皝)이 모용준을 시켜 부여를 침공하여 현왕과 부여인 50,000명을 용성(龍城)으로 데려와서 현왕을 사위로 삼고 진동장군(鎭東將軍)에 임명한다.

오환전 모용황편을 보면 많은 백제 유민이 전연 수도로 잡혀 와 있다. 이 기록을 모용황이 백제를 정복한 것으로 본다면 사위인 현왕이 백제 근초고왕이 될 수 있는 것이다.

344년~346년 계왕(契王) 346년 9월 백제 계왕이 즉위 2년 만에 죽고 {백제 계왕(契王)의 계(契)는 설(契)이고 상나라 시조 이름이 설(契) 현왕(玄王)이다. 계왕(契王)을 통해 상나라 설(契) 현왕(玄王)의 시작을 암시로 나타낸다.}

346년 9월 근초고왕(近肖古王)〈여구(餘句)〉〈부여 현왕(玄王)〉이 왕위를 이어받는다.

348년 모용황의 사냥 중 사망은 모용준의 정변으로 볼 수 있다.

(348년~360년) 모용준 재위 기간

364년 모용준(慕容儁)이 사망한 후에 근초고왕이 한반도 몽촌토성에서 20년간 역사를 만든 후 대륙 백제로 다시 돌아와서 369년 남방 정벌에 나선다.

4.5 근초고왕 - {왜 가라 탐라<대만>} 정복

369년 남방 정벌을 나가 마한의 가야와 탐라를 정벌한다.

371년 한성으로 수도를 옮긴다. 372년 백제 근초고왕이 탐라에 칠지도를 보낸다.

369년 봄 백제 근초고왕이 가야<안라, 가라, 탁순 등 7국, 4읍>와 대마국(對馬國)<마한왜>을 정복하여 탐모라국(耽牟羅國)<탐라><왜(倭), 한(韓), 백제(百濟)>이라 이름하고 후왕(侯王) 탐라 백제계 인덕왕(仁德王)<백제국 마한황제(百濟國 馬韓皇帝)>을 둔다. 후왕 이름 <마한황제>에서 보듯이 탐라에 <마한왜(馬韓倭)>가 있었다.

<광서 장족 자치구(廣西壯族自治區) 남녕시(南寧市) 옹녕구(邕寧区) 백제향(百济乡)>을 정복한다.

369년 탐라에서 사신이 백제에 가서 철정을 받아 오고 372년 9월 백제를 방문한 탐라 사신이 돌아갈 때 칠지도(七支刀)와 칠자경(七子鏡)을 갖고 간다. 403년 백제왕이 탐라국에 아직기를 통해 말 2필을 보냈다. 404년 왕인을 보냈다. 663년 백제왜 탐라국은 백제 부흥운동에 참여한 후 실패하자 탐라국주 도동음률이 신라에 항복한다.

백제와 백제왜(百濟倭)의 관계는 모두 탐라<대만>에서 이루어진다.

황하 - 하남위례성<정주시 등봉시> - 복건성 - 광서(廣西) 백제향 - 탐라<대만>

4.6 백제 22 담로

마한의 영토 4방 4천 리를 근초고왕이 복속시킨 후 100개에 달하는 왜와 동남아 일대로 확장한 영토, 한반도와 일본에 읍성 규모의 22담로를 만든다.

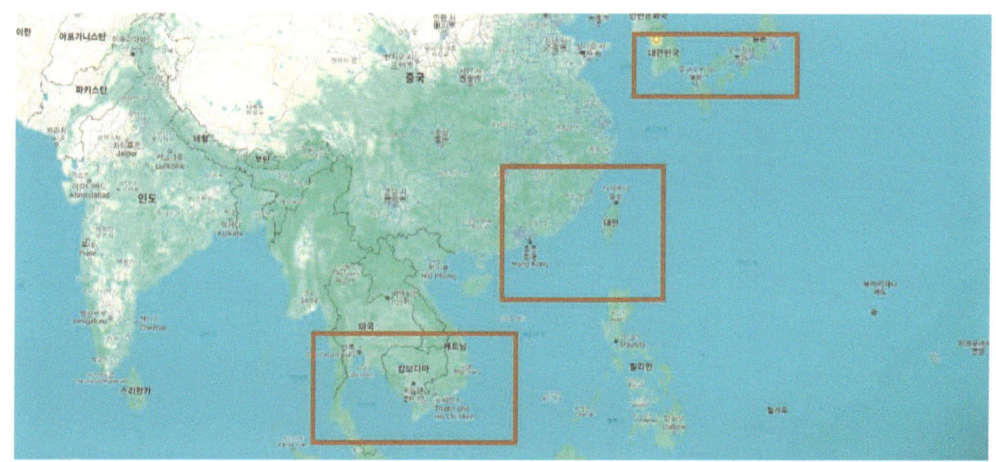

매라성(邁羅城) 담로

495년 백제〈산동성 웅진〉 동성왕이 북위를 격파한 사법명을 매라성(邁羅城)〈한국 충청남도 부여시〉에 정로장군 매라왕(征虜將軍 邁羅王)으로 봉(封)한다.

풍납토성 | 몽촌토성 담로

근초고왕이 초기 20년이 공백이다. 정변을 피해 한반도 풍납토성으로 왔을 가능성이 매우 크다.

김해 대성동 담로

김해 대성동 고분군(金海 大成洞 古墳群) 지역에 담로가 있었을 것으로 추정할 수 있지만 기록이 없다.

일본열도 담로

구주(九州), 하내(河內), 동부(東部) 3곳에 담로가 있었다고 한다. 100개에 달하는 왜와 동남아에 담로가 있었다.

4.7 한성(漢城) 정복

업성(鄴城)

370년 전진 부견이 전연의 수도 업성(鄴城)〈하북성(河北省) 한단시(邯鄲市) 임장현(臨漳縣) 임장진(臨漳鎮)〉을 공격하여 폐허로 만들고 돌아간다.

한성(漢城)

371년 근초고왕이 한때 전연의 수도였던 화룡성(华龙城)〈복양시(濮阳市) 화룡구(华龙區)〉을 백제 도읍으로 한다. 당시 황하가 한수(漢水)이다. 복성(濮城)〈복양(濮阳)시 범현(范县) 복성(濮城)진〉이 있다.

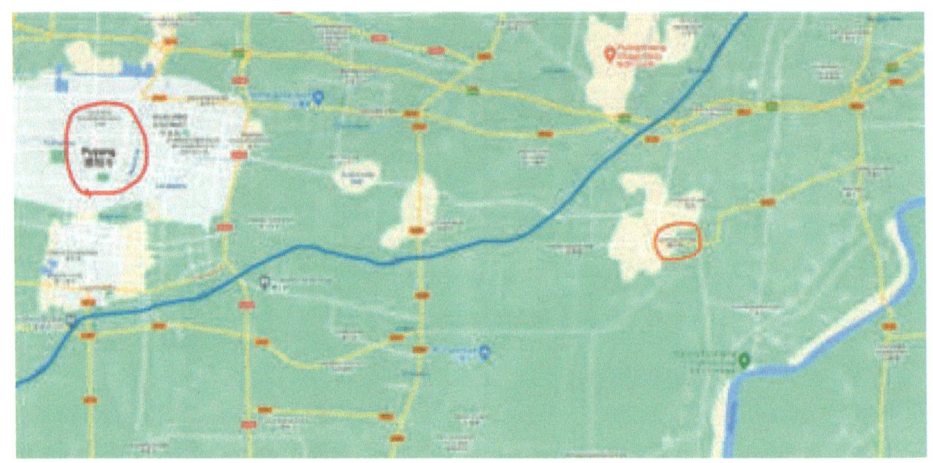

한성(韓城)〈복양(濮陽), puyang〉 - 김제하(金堤河) - 복성(濮城) - 한수(漢水)

4.8 백제(동성왕) - 북위(효문왕) 전쟁

488년 백제 동성왕 당시 수도는 웅진〈태안시(泰安市) 비성시(肥城市)〉이다. 백제를 침공한 북위〈대동시 평성구〉의 기병을 사법명(沙法名)을 시켜 격퇴한 후 하북 지역에 〈광양태수, 조선태수, 대방태수, 광릉태수, 청하태수〉를 임명한다. 사법명(沙法名)을 매라성(邁羅城)〈충남 부여군〉 매라왕(邁羅王)으로 임명한다.

대동시 - 요동 - 웅진

4.9 백제 도성(都城)

웅진(熊津)

웅진(熊津)을 고마나루(固麻那羅)라고 한다. 475년 웅진(熊津)〈태안(泰安)시 비성(肥城)시〉으로 도읍을 옮긴 후 538년 사비성으로 도읍을 옮길 때까지 63년간 백제의 수도였다. 태산 일대는 래이(萊夷)의 땅이기에 백제를 래이(萊夷)라고 한다.

사비성(泗沘城)

AD538년 성왕 때 도읍을 사비(泗沘)로 옮기고 남부여라 하고 120년을 유지했다. 사수(泗水)가 사수현(泗水县)에서 발원하여 〈연주구〉와 〈곡부시〉 그리고 〈추성시〉를 흐른다. 웅진에서 사비성(泗沘城)까지 직선거리가 70km이니 5일 이동 거리라는 기록으로 볼 때 〈제녕시(濟寧市) 연주구(兖州区)〉나 〈제녕시(濟寧市) 사수현(泗水县)〉을 사비성(泗沘城)으로 볼 수 있다.

임존성(任存城)

통일신라 경덕왕 때 임존성을 임성군(任城郡)〈제녕시(濟寧市) 임성구(任城区)〉으로 바꾼다.

운주성(運州城)

운주성이 동평호수에 잠기자 새로이 〈태안시(泰安市) 동평현(东平县) 신호진(新湖镇)〉을 축성한다.

백제 도성

AD660년 의자왕 때 5부 37군 200여 성 76만 호 국가다.

직산 위례성 - 하남위례성 - 한성 - 웅진 - 사비성

BC18년 온조(溫祚) 위례성(慰禮城)〈운성시(运城市) 직산현(稷山县)〉
BC5년 온조(溫祚) 하남위례성〈정주시(郑州市) 등봉시(登封市)〉
AD371년 근초고왕 한성〈복양시(濮阳市) 화룡구(华龙區)〉
AD475년 문주왕 웅진(熊津)〈태안시(泰安市) 비성시(肥城市)〉
AD538년 성왕 사비성(泗沘城)〈제녕시(濟寧市) 연주구(兗州区), 사수현(泗水縣)〉
AD663년 부흥운동 임존성(任存城)〈제녕시(濟寧市) 임성구(任城区)〉

5. 통일신라(統一新羅)

백제 영토와 고구려 영토를 698년에 발해가 건국될 때까지 30년간 한반도 만주 산서 화북을 비롯하여 복건성까지 모두 통치하게 된다. 도읍은 경주(慶州)〈안휘성(安徽省) 합비시(合肥市)〉이다.

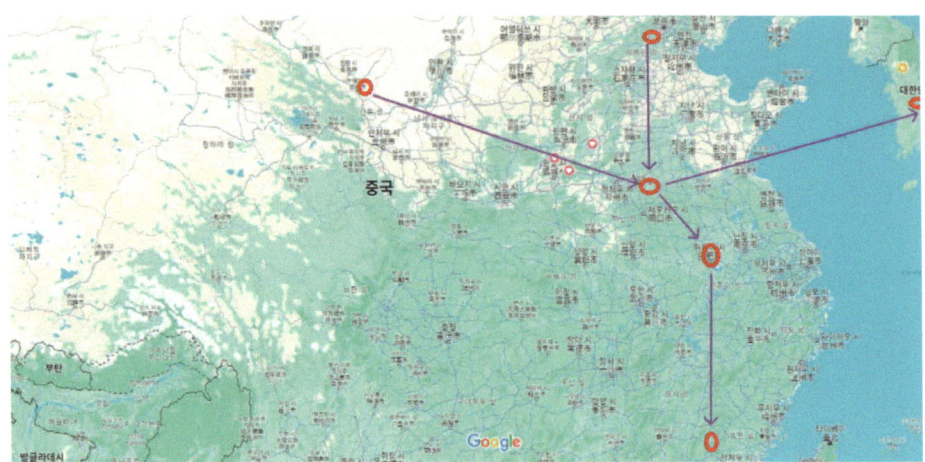

무위 → 성무현 탁주 → 성무현 → 합비시 → 용암시

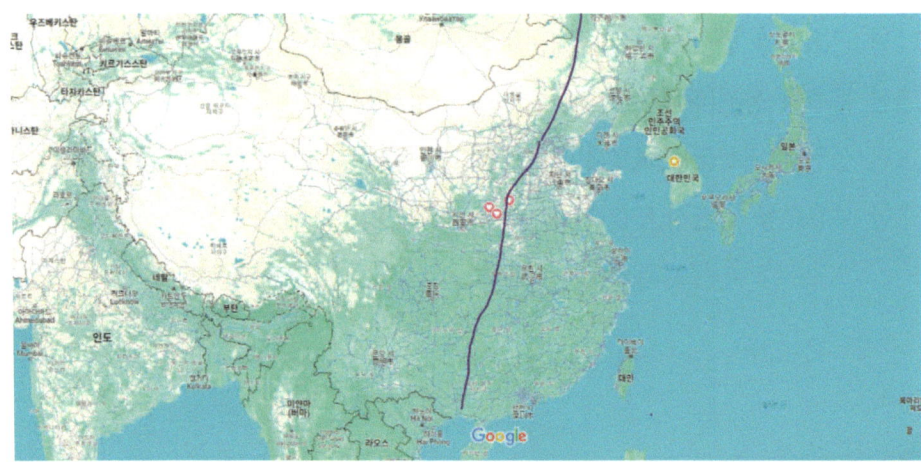

우측이 신라임, 화동(華東)

주변국이 신라 사신 맞이하는 예법

인견(引見), 입견(入見), 임헌(臨軒), 인국서(引國書)

5.1 신라(문무왕) – 당(고종) 호로하(瓠瀘河) | 평양하(平壤河) 전투

672년 당나라가 신라에 대한 침략을 개시했으나 호로하에서 신라가 승리한다. 673년 호로하 전투에서 신라가 당나라 군사 2,000명의 목을 베었다. 호로하(瓠瀘河)〈부양하(滏阳河), FuyangRiver)〉와 왕봉하(王逢河)〈부동배하(滏东排河, Fudongpai River)〉 사이 평지에서 전투로 패한 당나라 군사가 빠져 죽은 자가 많다.

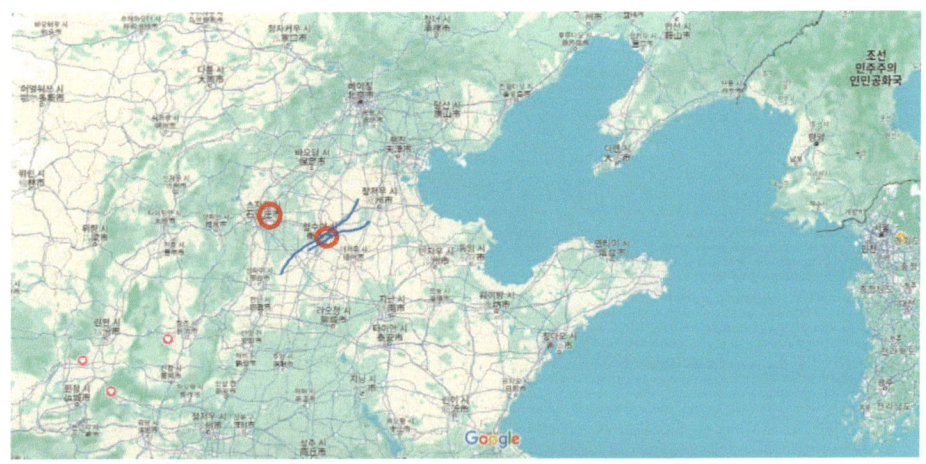

석가장시〈평양, 안동도호부〉 – 형수시 – 호로하(瓠瀘河)〈부양하(滏陽河), FuyangRiver)〉
– 왕봉하(王逢河)〈부동배하(滏东排河, FudongpaiRiver)〉

5.2 신라(문무왕) - 당(고종) 매소성 전투

675년 당나라 이근행이 20만 군사를 이끌고 매소성에 진을 쳤다. 당군은 말 30,380필과 무수한 병기를 남겨 놓고 도망갔다.

676년 당나라 설인귀의 20만 군사와 기벌포 전쟁에서 신라가의 승리로 전쟁이 끝난다.

5.3 {신라(헌덕왕) 김웅원+당(헌종) 조공} – 제나라(이사도) 운주 전투

819년 신라 헌덕왕 11년 당 헌종의 요청에 의해 당의 양주절도사 조공과 신라 김웅원이 군사 30,000명을 데리고 운주(鄆州)〈태안시(泰安市) 동평현(东平县)〉〈고구려계 이정기가 765년 세운 제나라 수도〉 절도사 이사도를 토벌한다. 동평현(东平县)은 수당 대에는 운주(鄆州)라 했다.

황하 – 당〈서안〉 – 신라〈합비〉 – 제나라 〈운주, 동평호〉〈태안시 동평현〉

6. 복건성 가야

6.1 가락국(駕洛國) | 대가야

475년 개로왕이 전사한다. 백제 멸망으로도 볼 수 있다. 백제에 모씨가 등장한다. 이 시기 479년 가락국 하지왕이 남제를 찾아가서 보국장군 본국왕을 받아온다. 대가야 회복이다.

562년 신라 진흥왕에게 복건성의 가락국〈대가야〉이 멸망하고 한반도로 이주한다.

6.2 금관가야

532년 천주시를 흐르는 낙강(洛江)〈복건성 천주(泉州)시 낙강구(洛江區)〉 이름을 가져와서 낙동강(洛東江)이라 이름 짓고 한반도에서 이어 가는 것이 허황후 설화일 것이다.

6권
만융(蠻戎) | 화하(華夏) | 래이(萊夷)+강족(羌族)

티벧+위수 일대, 화하(華夏)

1. 화하족(華夏族)

당시 산동에서 래이(來夷)가 하남성 동부까지 확장하여 강족(羌族)인 하(夏)와 함께 화산(華山)을 지배한 화하족(華夏族)이 된다. 만융(蠻戎)은 저족(氐族)과 화하족이다.

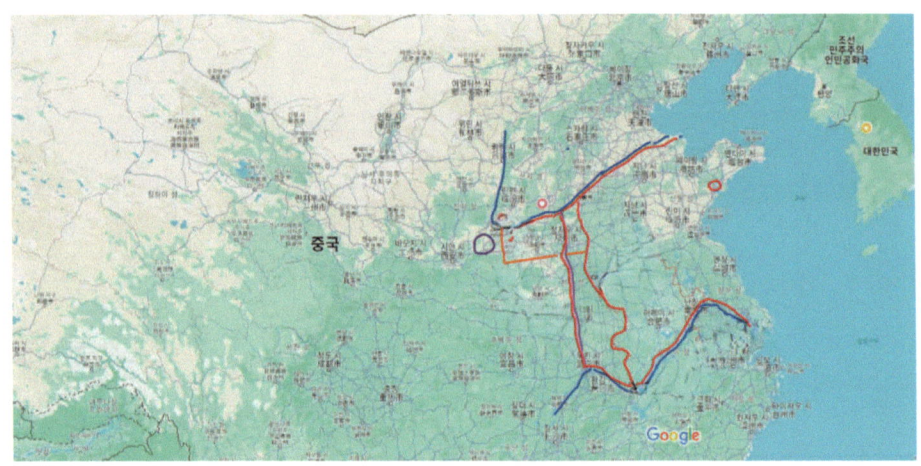

화산 - 하(夏) - 래이(萊夷)

래이(萊夷) | 남만(南蠻)

〈북적, 동이, 서융, 남만〉이라고 말할 때 남만(南蠻)은 래이를 말한다. 래이가 번창할 때 오, 월을 지나 광동성, 광서성까지 진출한다. 주나라와 진을 구성하는 만(蠻)인 오, 월을 남만(南蠻)이라고 기술하는데 이는 숲속의 남만(南蠻)과는 구분된다.

서융 | 북적 | 남만 | 동이

주(周)를 건국한 세력을 서융, 북적, 남만, 동이라고 한다. 만(蠻)은 형주(荊州)시에 〈형주고성〉으로 남아 있다. 이들을 레이로 볼 수 있다.

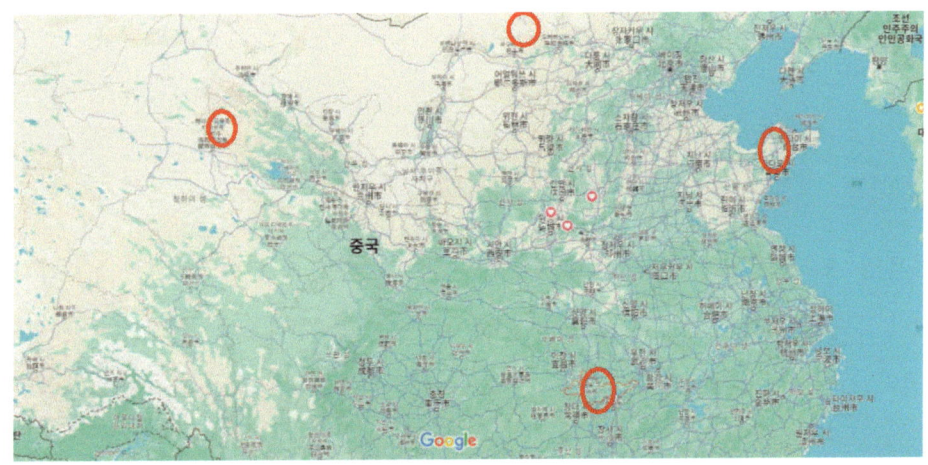

서융 – 북적 – 남만 – 동이

2. 주방(周方) | 주(周) 나라

견이(畎夷) | 견융(犬戎)

견이(犬夷, 畎夷)는 융(戎)의 별종(別種)이다. 견융(犬戎)은 곤이(昆夷)다. 적적(赤狄)은 본래 견종(犬種)이다.

고공단부(古公亶父)

하(夏) 멸망 후 유민들이 〈섬서성(陝西省) 보계시(宝鸡市) 기산현(岐山县) 위수(渭水)〉로 이동한다. 고공단부(古公亶父)가 주원(周原)에 거주하면서 세력을 키운다. 융적(戎狄)의 공격을 받아 기산(岐山)으로 간다.

의거융(義渠戎)

전국시대에 감숙성(甘肅省) 섬서성(陝西省) 영하회족자치구(寧夏回族自治區) 일대에 거주하고 전차를 보내 주(周)나라 건국을 돕는다.

2.1 주(周) 무왕 - 상(商) 제신왕 목야대전(牧野大戰)

주방(周方) 무왕의 호소로 서토(西土) 8국 만이융적(八國蠻夷戎狄)〈용(庸), 촉(蜀), 강(羌), 무(髳), 노(盧), 팽(彭), 복(濮), 미(微)〉이 동참한다. BC1046년 2월 4일 갑자(甲子)에 상(商) 왕(王) 제신을 왕궁에 불을 질러 죽이고 세 개의 화살을 쏘고 도끼로 목을 친다.

진(晉)- 제(齊)-노(魯)

조선(朝鮮)을 진(晉)으로, 레이〈숙신〉 일부를 제(齊)로, 부유(鳧臾)〈부여〉를 노(魯)로 국가명을 바꾼다.

2.2 견융(犬戎) - 주(周) 전쟁

동주(東周) | 춘추전국시대

견융(犬戎)은 저족(氐族)이다. 위하(渭河, Weihe River) 주변에 거주한다.
BC771년 견융(犬戎)이 주(周)를 공격해 유왕(幽王)을 죽인다.
주(周)가 낙읍으로 수도를 옮겨 동주(東周) BC771년~BC221년 〈진, 초, 제, 연, 조, 위, 한〉 시대가 된다.

해내(海內) 7 옥폐(玉幣)

제 환공(桓公)(BC685년~BC643년) 음산(陰山)의 연민(礝磻), 연(燕)나라 자산(紫山)의 백금(白金), 발조선(發朝鮮)의 문피(文皮), 여수(汝水)와 한수(漢水)와 우구(右衢)에서 나는 황금(黃金), 강양(江陽)의 진주, 진(秦)나라 명산(明山)의 증청(曾靑), 우씨(禺氏) 변산(邊山)의 옥(玉), 의무려의 순우기(옥), 척산의 표범 가죽.

3. 진(秦)

진(秦) 영토(嶺土)

진(秦)나라가 BC230년 한나라, BC226년 연나라, BC225년 위나라, BC223년 초나라, BC222년 조나라, BC221년 제나라 정복으로 중국을 통일한다. 진(秦)나라는 화산(華山)을 기준으로 하여 황하(黃河)와 화산(華山) 이남(以南)을 중국(中國)이라 하였다. (河, 黃河也 山, 華山也 從華山及黃河以南爲中國也)

진(秦)장성(長城) <720km>

진(秦) 통일<BC221년~BC206년> 기간 중에 BC215년에 진(秦)장성 공사를 시작한다. <임조(定西)시 임조현(临洮县)>에서 갈석까지 황하(黃河)를 방어하기 위해 쌓는다. (起自臨洮, 至于碣石)

임조에서 황하까지 600km는 진나라 북쪽 국경을 따라 쌓은 것이고 남쪽 황하가 <ㄴ> 형태로 꺾이는 곳에서는 다시 <황하(黃河)에서 갈석과 낙랑 수성현(遂城縣)>까지 120km 쌓은 것이다. 이후는 태행산맥과 패수가 황하를 자연 방어한다.

임조 ↔ 황하 600km, 황하 ↔ 낙랑수성현 120km, 화산(華山) - 황하

BC221년 진나라 옥새(玉璽) 도안

진(秦) 옥새(玉璽)의 새 형상 도안이 배달국 홍산문명의 새 형상 도안과 똑같다. 이는 진(秦)이 배달, 진(震)조선 천자국을 이어받았음을 말한다.

BC3898년 배달국 홍산 새 형상 도안

4. 한(漢) | 오(吳)

한(漢)나라의 방어 개념

한나라가 지키고자 한 것은 황하다. 황하를 따라 방어선을 구축한다.

하서 4군(돈황 주천 장액 무위) 〈임조 - 황하〉〈600km〉〈황하 - 낙랑 수성현〉〈120km〉 한4군(낙랑, 진번, 임둔, 현도)

창해군(滄海郡)

팽오가 예맥조선(穢貊朝鮮)을 물리친 후 한(漢)이 BC128년 창해군(滄海郡)을 연나라와 제나라 사이에 설치하다. (彭吳穿穢貊朝鮮, 置滄海郡 則燕齊之間)

<옥해(玉海)>

하서 4군

BC111년 한(漢)무제(武帝)가 곽거병을 보내 감숙성<돈황, 주천, 장액, 무위(武威)>의 흉노를 몰아내고 황하(黃河)를 방어하기 위해 하서 4군을 설치한다.

한(漢) 4군

BC108년에 위만조선을 멸망시킨 후 한(漢) 4군<낙랑군(樂浪郡), 진번군(眞番郡), 임둔군(臨屯郡), 현도군(玄菟郡)>을 설치한다.

단단대령(單單大領)

단단대령은 운태산(云台山)<초작시(焦作市) 수무현(修武县)>이다. 이곳을 기준 하여 진번군(眞番郡)과 임둔군의 일부를 포함한 동부도위(東部都尉) 7현<동이, 불이(不而), 잠대(蠶台), 화려(華麗), 야두미(邪頭味), 전막(前莫), 부조>이 있다.

낙랑군(樂浪郡, BC107~BC36)

BC36년 비류국 왕 송양이 고구려 주몽 왕에게 나라를 바치고 항복하였다. 고구려가 다물군(多勿郡)으로 만들고 송양을 지주로 삼았다. 낙랑군의 치소는 원곡<운성(运城)시 원곡(垣曲)현>이다. 황하(黃河)를 사이에 두고 낙양과 마주 본다.

진번군(眞番郡, BC107~BC82)

운태산(云台山) 단단대령(單單大領) 동쪽에 진번군과 임둔군이 있다.
진번군에 조선현이 있다. 초작시(焦作市)나 신향시(新乡市)이다.

임둔군(臨屯郡, BC107~BC82)

임둔(臨屯)군의 둔(屯)은 군사가 거주하는 것을 말한다. 치소가 동이현(東晩縣)이다.
임(臨)나라 군사가 임읍(臨邑)〈덕주시(德州市) 임읍현(临邑县) 临邑镇〉을 지키려고 주둔한
황하 언덕 지대이다.

형수시 – 덕주시 – 임읍현

한복(韓服) | 한복(漢服)

장량의 할아버지 장개지(張開地)는 재상을 지냈고, 아버지 장평(張平)도 재상을 지냈다. 장량이 한(韓)나라의 재상 집안 자손이니, 모든 한(韓)의 문물과 문화, 한(韓)의 복식과 한(韓)의 문자가 한(漢)으로 유입된다.

한자(韓字) | 한자(漢字)

진(秦)나라가 6국을 통일한 후 각국이 글자(字)를 다르게 사용하는데 이들 한자(韓字), 연자(燕字), 초자(楚字), 제자(齊字)를 진자(秦字)로 사용을 통일한다.
통일 기간이 너무 짧아서 통일 글자가 보급되지 못한다.
한나라가 진(秦)나라를 이어 통일 국가가 되면서 통일 글자로 〈진자(秦字), 한자(韓字), 연자(燕字), 초자(楚字), 제자(齊字)〉 중 어느 나라 글자를 빌려 한자(漢字)를 제정한 것인지 알 수 없으나 진(秦)은 적국이기에 제외한다면, 한자(韓字)를 빌린 것으로 볼 수 있다.

7권
예맥(濊貊)선비(鮮卑) | (스)키타이

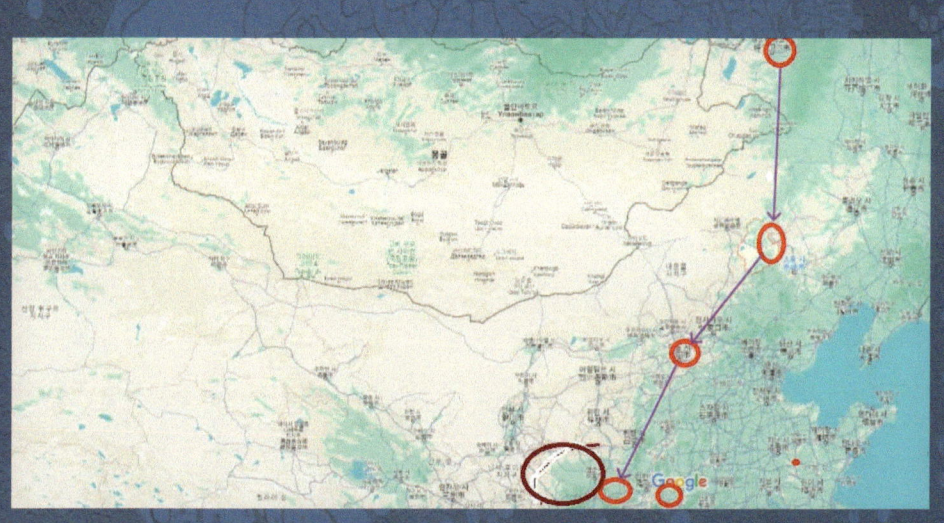

토번 – 서안<수, 당> – 낙양 – 대동<북위> – 극십극동기<동호> – 후른베이얼시<선비>

1. (스)키타이

스키타이

유럽어는 강약이 있어 약한 발음은 묵음이다.

스키타이(Scythia)라고 말하면 〈스〉가 〈약(弱)〉 발음이라서 듣는 자가 〈키타이〉 혹은 〈키탄〉이라고 듣는다. 거란은 〈키타이〉가 아니고 〈(스)키타이〉다.

2. 4C 거란(契丹) | 히타이트

〈ㅋ〉과 〈ㅎ〉은 발음이 호환된다. 히타이트는 〈히〉가 〈키〉로 치환되기에 키타이트다. 즉 거란이다. 〈히타이트-(스)키타이-키타이트〉가 모두 같다.

BC1200년 이전 히타이트 인물상을 보면 동양인 얼굴에 매부리코다. 거란과 히타이트가 숲이 사라지면서 동서로 반복 왕복하면서 만들어 간 인물상이다.

거란(契丹)〈키탄(Khitan)〉은 4C 중엽 시라무렌강 유역에 거주하던 스키타이다.
이들이 모용씨가 강성해지는 데 관여했다고 볼 수 있고 또한 신라와 백제에도 침투하여 왕이 되거나, 세력 집단이 된다.
고구려 소수림왕 378년 가을 9월에 거란이 고구려의 북쪽 변경을 침범하자 고구려가 반격으로 8개 마을을 점령한다.
395년 고구려 광개토태왕은 염수(鹽水)로 진출하여 패려(稗麗) 600~700 영을 정복한다. 이 시기 신라에 내물왕이 등장한다. 한반도 경주 오능에 금관이 등장한다. 백제 동성왕이 모씨다.

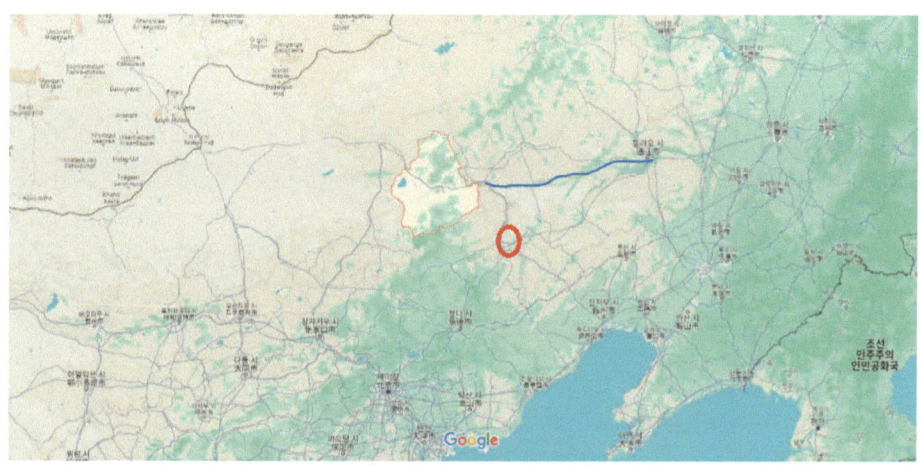

커스커텅기 - 적봉 - 시라무렌강

3. 선비(鮮卑)

스키타이와 합류한 동호(東胡)가 〈내몽고자치구(內蒙古自治區) 후룬베이얼시(呼倫貝爾市) 하이라얼구(海拉尔区)〉로 이동하여 선비(鮮卑)가 된다. 4C경 오환이 선비에게 정복된다. 북위(北魏)에서 당(唐) 7C까지 300년간 선비가 중국의 강국이 된다. 신라와 백제가 약한 시기에 들어가서 왕이 되기도 하고 국가를 강성하게 하는 역할을 한다.

〈탁발부(拓跋部)(代, 北魏), 모용부(慕容部)(前燕, 後燕, 西燕, 南燕), 단부(段部), 우문부(宇文部)(北周), 흘복부(乞伏部)(西秦), 독발부(禿髮部)(南涼)〉

4. 5호 16국

전조(前涼)가 건국된 304년부터 선비족 탁발씨 북위(北魏)의 439년까지를 가리킨다. 이 시기 스키타이가 각국에 영향을 끼친 것으로 추정이 되지만 기록은 없다.

5. 전연(前燕)

도읍(都邑)

AD294년 모용외가 도읍을 원래 거록현(鉅鹿县)인 극성(棘城)〈형태시 평향현(平乡县)〉으로 옮겼다. 모용외를 〈조선공(朝鮮公), 요동공(遼東公)〉이라 칭하는 것은 모용외의 전연이 있는 곳이 요동(遼東)이기 때문이다.

AD342년 모용황이 용성으로 도읍을 이전한 후 화룡성〈복양시(濮阳市) 화룡구(华龙區)〉을 화룡성(华龙城)이라고 한다.

AD353년 모용준(慕容儁)이 업(鄴)〈한단시(邯郸市) 임장현(临漳县)〉으로 천도한다.

AD370년 모용평(慕容評)이 업(鄴)에서 전진(前秦)에 의해 멸망한다.

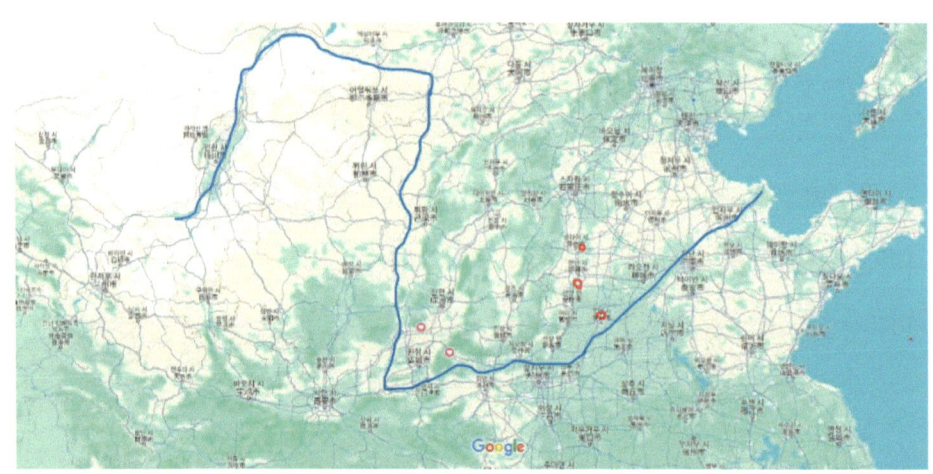

용성 - 업 - 극성

6. 북위(北魏) 탁발부(拓跋部)

선비 탁발규(拓跋珪)가 북위(北魏, 386년~534년)를 건국한다.

7. 북주(北周): 우문선비(宇文鮮卑, Yuwen)

우문부의 우문태(宇文泰)는 서위(西魏)를 멸망시키고 북주(北周, 557년~581년)를 세웠다.

8. 토번(吐蕃) | 탁발부(拓跋部)

구당서는 토번 황실을 선비족 탁발씨의 후손이라고 기록한다. 송첸캄포가 617년 타림분지를 정복한다. 토번(617~842)을 건국하여 2백여 년간 지속된다. 안사의 난 후 실크로드 대부분을 차지한다. 공첸캄포 왕에게 당 태종은 641년 문성공주를 시집보낸다. 763년 장안을 점령한다.

탁발씨의 후예 송첸캄포 토번(617~842)이 장안 가까이 오더니 763년 당나라 장안을 점령한다.

토번 – 당 – 신라 – 발해 – 일본

① 토번 ② 당 ③ 신라 ④ 발해 ⑤ 일본

9. 수(隋) | 우문부(宇文部)

수(隋, 581년 3월 4일~619년 5월 23일)는 북주를 이어받는다.

9.1 수(문제) – 고구려(영양왕) 살수 전투

612년 1월 수문제가 고구려를 침공하였으나 수나라군이 요하〈하늘색〉를 건너는 데 두 달이 걸렸으며 요동 20여 개의 성(城) 중 한 곳도 함락하지 못했다.

우문술은 부여도(扶餘道)〈하택시(菏泽市) 동명현(东明县)〉로 진군한 후 요동성을 우회하여 살수〈노란색, 옛(海) 황하〉를 건너 평양〈석가장시 장안성〉 공격을 시도하지만, 612년 7월 수나라군이 살수를 건너 퇴각할 때 을지문덕에 의해 전멸당한다.

9군이 요동성을 출발할 때는 30만 5천 명이었는데 요동성으로 살아 돌아온 자는 2,700명이다.

공격로와 퇴각로

현재 황하(파란색) – 유성 (요동성) – 요수(하늘색) – 살수(노랑색) – 평양(장안성)

10. 당(唐) | 탁발부(拓跋部)

선비족 이연이 당(唐, 618년~907년)을 건국한다. 이연의 모친이 탁발 선비족이다.

10.1 고구려(보장왕)-당나라(태종) 전쟁

645년 2월 유주에 병력을 집결시켜서 3군으로 진격한다. 이도종은 군사 수천 명을 거느리고 고구려의 신성을 10여 일간 공격하였으나 신성은 정복에 실패하였다. 개모성의 당나라 장수 위정은 매일 밤 북과 함성을 들었다고 기록을 남긴다.

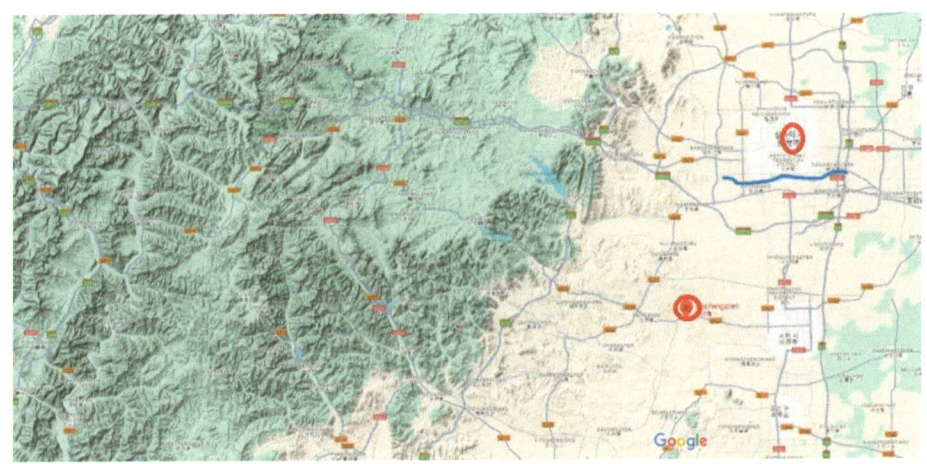

개모성 - Qili River 七里河 - 신성

10.2 당태종 고구려 공격로 & 퇴각로

장검이 요수를 건너 건안성〈형태시 광종현〉을 공격한다.

장량이 당 수군을 거느리고 산동의 비사성(卑沙城)을 습격하여 점령한다.

요동성(遼東城)〈진중시 좌권현(左权县) 요양진(辽阳镇)〉을 공격하여 점령한다. 당 태종이 요동성을 요주(遼州)로 개칭한 후 뒤이어 남쪽의 백암성을 정복한 후 암주(巖州)로 개칭한다. 당 태종이 안시성(安市城)에서 패하고 하택〈산동성 하택시(菏泽市)〉으로 도주한다.

보라색 공격로: 서안 → 정주 → 유성〈전쟁 당시는 요수 남쪽〉 → 신성 → 개모성 →
좌권현(左权县) 요동성 → 백암성 → 안시성
노란색 퇴각로: → 하택시 → 정주 → 서안

8권
예맥(濊貊) 몽고(蒙古)

1. 발해(渤海) | 진국(振國)

상경용천부(上京龍泉府)

대조영이 발해(渤海, 698년~926년)를 상경용천부(上京龍泉府)〈흑룡강성(黑龍江省) 모단강시(牡丹江市) 영안시(寧安市) 발해진(渤海鎭)〉를 수도로 건국하여 고구려를 이어 간다. 원래 국호는 진국(振國)이었으나 713년 발해(渤海)로 국호를 변경하였다.

1.1 발해 무왕 - 당 현종 등주(登州) 전투

발해-당 전쟁은 732년 9월 발해가 당나라의 등주를 공격하여 점령한다. 당나라의 요청으로 신라군이 참전하지만 물리친다.

1.2 발해 강왕(康王) - 당 덕종(德宗) 쇄엽성(碎葉城) 전투

804년 발해가 4,300km 거리의 키르키즈스탄 쇄엽성(碎葉城)을 정복한다. 이 일대 나라들이 당에 대한 조공을 멈춘다. 이태백의 고향이다.

상경용천부 - 키르키즈스탄 쇄엽성(碎葉城, Suyap) 4,300km 등주
상경용천부 - 울란바토르

2. 10C 거란(契丹)

고구려 후예를 자처한다. 야율아보기가 거란(契丹, 916년~1125년)〈적봉시 파림 좌기(巴林左旗) 상경임황부(上京临潢府)〉을 건국한다. 926년 발해를 멸망시킨다.

연운 16주

936년 석경단이 후당을 멸망시킬 때 거란이 50,000 군사를 지원한 대가로 937년에 후진으로부터 연운 16주를 얻는다.

전연의 맹(澶淵之盟)

1004년 송(宋)은 요(遼)에 매년 비단 20만 필과 은(銀) 10만 냥을 지급한다.

3. 몽고(蒙古)

몽골제국 | 칭기 즈칸

발해가 926년 요에게 멸망당한 후 발해 유민들이 울란바토르 인근으로 1,500km를 이동하여 정착한 후 이들 발해 유민이 중심이 되어 칭기즈 칸(1162년~1227년)이 유연, 고차, 케레이트, 나이만을 복속시킨 후 1211년에 금나라를 공격 1234년에 멸망시켜 몽골제국을 이룬다. 카라코룸에서 몽골제국을 통치한다.

캄차크한국(1234~1502), 일한국(1258~1411), 챠카타이한국(1227~1369), 오고타이한국(1224~1301), 원(1271~1368)으로 이어 간다.

4. 원(元)

쿠빌라이 칸

대도(大都)에 원(元)(1271~1368)을 세운다. 남송을 정복한다.

원종(元宗)의 정권 지지에 대한 보답으로 고려 풍습에 대해 불개토풍(不改土風) 정책을 시행한다.

9권
남만(南蠻) 마한(馬韓) |
변진한(弁辰韓)

복건성 - 광동성 - 광서성

1. 복건성 마한 | 변진한

복건성 마한

AD10년 백제와 고구려 연합국과 3년 전쟁에 패한 후 복건성으로 이주 정착한다.

복건성(福建省)에 마한〈대가야(大伽倻)〉〈반파국(伴跛國)〉을 세운다.

양자강 남쪽 복건성, 광동성, 광서성 해안과 대마국, 주호국을 마한(馬韓)과 변진한이 다스린다. 당시 물동량 1위, 2위 지역이다.

변진한(弁辰韓)

BC39년 광동성으로 이주 변진한(弁辰韓) 24개국으로 정착한다.

주호국〈왜〉과 인접한 북안〈광동성(广东省) 심천, 홍콩〉의 변진구사국(弁辰狗邪國)과 변진독로국(弁辰瀆盧國)이 변진한(弁辰韓) 가야를 주도한다고 볼 수 있다.

방가 4천 리(方可四千里)

한(韓)은 4방 4천 리다.
(韓在帶方之南, 東西以海爲限, 南與倭接, 方可四千里)

<三國志, 魏書 東夷傳, 한韓> 진수(陳壽, 233년~297년)

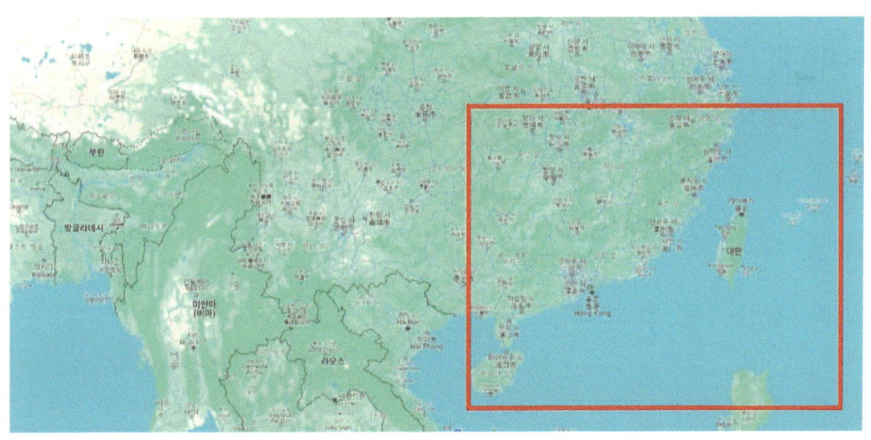

황칠갑옷

백제 해도(海島)에는 황칠나무가 있다. 절강성에서도 나온다. 해도는 홍콩 주변 섬을 말한다. 6월에 즙을 채취하여 사물에 칠을 하면 황금색이 된다. 신라칠, 고려칠로도 이름한다.

과하마(果下馬)

광동성 운부(云浮)시 나정시(罗定市) 말이 건강하고 지구력이 좋다.

2. 복건성 가야

2.1 가락국(駕洛國) | 대가야

475년 개로왕이 전사한다. 백제 멸망으로도 볼 수 있다. 백제에 모씨가 등장한다. 이 시기 479년 가락국 하지왕이 남제를 찾아가서 보국장군 본국왕을 받아 온다. 대가야 회복이다.

562년 신라 진흥왕에게 복건성의 가락국〈대가야〉이 멸망당하고 한반도로 이주한다.

2.2 금관가야

562년 천주시를 흐르는 낙강(洛江)〈복건성 천주(泉州)시 낙강구(洛江區)〉이름을 가져와서 낙동강(洛東江)이라 이름 짓고 가락국을 한반도에서 이어 가는 것이 허황후 설화일 것이다.

3. 동이 진출

해남성 려족(黎族)

해남성에 려족이 많이 살고 있다. 부여가 려족(黎族)이고 고구려 또한 구려(九黎)이다.

객가(客家)

〈용암시 신라구〉가 신라성이다. 〈용암시 장정현(長汀县)〉 거주자를 객가인(客家人)이라고 한다. 백제나 신라인으로 볼 수 있다.

묘족(苗族)

귀주성(貴州省)에 모여 산다. 묘족이 고구려와 똑같은 음력 3월 3일 명절을 갖고 있다.

장족(壯族)

장족〈광서장족자치구(廣西壯族自治區)〉은 산동성의 래이(萊夷)로 볼 수 있다.

광동성 레이(雷)

광동성에 거주하는 레이족을 발음을 따라 〈雷〉라고 표기한 것이다. 레이는 〈산동성 래무시 래성구〉가 고향이다.

10권
남만(南蠻) 왜(倭)

남월(南越, BC203년~BC111년)의 월(越, Yue)을 왜(Yue)로 발음하여 왜(倭)가 된다.
왜인(倭人)은 대방 동남 대해 섬에 사는 자들로서 변발을 하고 문신을 특징으로 한다.
(倭人在帶方東南大海之中依山島爲國邑)
필리핀과 해남도를 포함하여 많을 때는 100여 개, 적을 때는 30여 개가 있다.

남해안을 따라 섬에 왜가 있다. 남쪽으론 필리핀 민다나오섬<대왜왕>에 이른다.

1. 주호국(州胡國) | 왜(倭)

주호국(州胡國)

해도(海島) 상(上)의 난두도(爛頭島), 향항도(香港島)에 주호국(州胡國)이 있다. 당시 이 앞바다의 화물 운송량이 중국 제1위이다.

사람들은 몸집이 작고 머리를 깎고 가죽옷을 입는데 상의만 있고 하의는 없다. 소와 돼지 기르기를 좋아한다.

마한(馬韓)이 서쪽 주호국(州胡國)과 중간 해상에서 교역한다. (馬韓之西, 海島上有州胡國)

<市買韓中>

탐모라국(耽牟羅國) | 백제왜 | 대만

탐모라국이 담로이니 백제왜(百濟倭)<대만>와 주호국(州胡國)을 말한다.

동성왕 탐모라(耽牟羅) 징벌

498년 동성왕이 탐라 정복을 위해 무진주(武珍州)로 가니 탐모라(耽牟羅)가 잘못을 인정한다. 무진주 앞바다의 탐모라(耽牟羅)는 주호국(州胡國)이다.

난두도(爛頭島)

1278년 몽골을 피해 남송(南宋)의 마지막 황제 어린 소제(少帝)가 임안에서 여기로 도망 와서 즉위한다.

2. 위지왜인전(魏志倭人傳)이 기록한 왜(倭)

왜<구사한국(狗邪韓國)>

대방군에서 황하를 따라간 후 다시 해안을 따라 7,000리를 가면 도착한다. 현재 중국 광동성 심천시(深圳市) 홍콩 북안이다. 변진한국을 통솔한다.

왜<대마국(對馬國)> | 마한왜(馬韓倭)

구사한국(狗邪韓國)<심천시 앞바다 홍콩>에서 1,000여 리 거리에 있다. 남북이 1,000여 리고 동서가 수백 리(南北千餘里, 東西數百里) 대마국이 마한왜이다.

왜<일대국(一大國)><필리핀>

1,000여 리를 가면 일대국(一大國)<필리핀 루손섬>에 도착한다.

대왜왕(大倭王)<사마대국(邪馬壹國)>

대방군에서 사마대국(邪馬臺國)<민다나오섬>까지 12,000리이다.
사마대국에 대왜왕(大倭王)이 거주한다. 173년 왜 여왕 비미호(卑彌呼)가 신라에 사신을 보낸다. 위나라 관구검(毋丘儉)이 246년 불내성(不耐城)을 공격한 후 247년 왕기(王基)가 사마대국(邪馬壹國)을 방문하여 비미호(卑彌呼) 여왕을 만난다.
여왕이 죽자 순장자가 100명이다.

운성시 예성현(芮城县) → 필리핀 민다나오섬

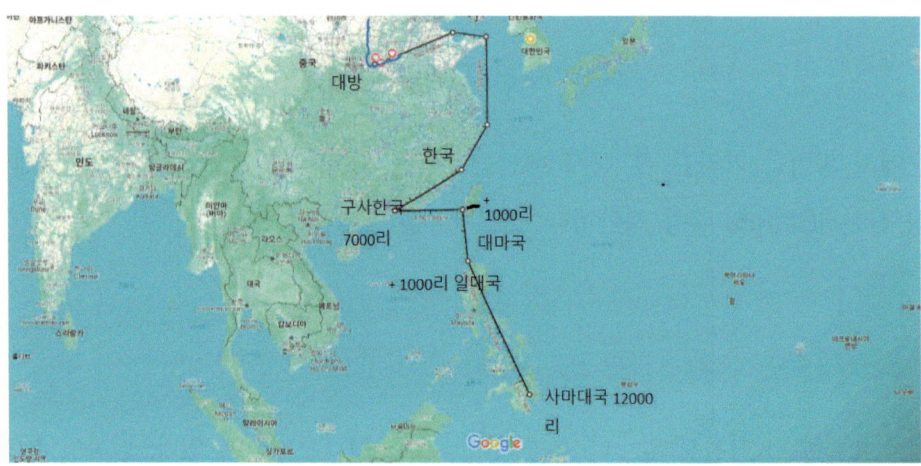

대방군(帶方郡) - 한(韓)〈복주시〉 - 구사한국(狗邪韓國)〈심천시(深圳市), 7,000리〉 - 대마국(對馬國)〈+1,000여 리〉 - 일대국(一大國)〈+1,000리〉 - 사마대국(邪馬臺國)〈12,000리〉

3. 신라왜 | 연오랑(延烏郞) 세오녀(細烏女) 설화(說話)

(延烏郞 細烏女 說話) 삼국유사 신라인 연오랑 세오녀 설화

157년 이들이 일본왕이 되었다.

158년 왜에서 사신이 신라로 온다.

173년 사마대국(邪馬壹國) 히미코 여왕이 신라에 사신을 보낸다.

설화로 치부하기엔 연도별로 강성한 신라 행적이 뚜렷하다.

(연오 - 세오)용암시 신라성 - 장주 - 임나일본부〈하문도〉 금문도 - 대마국 - 200km - 탐모라국〈대만〉

4. 마한왜(馬韓倭) | 대마국(對馬國)

마한왜(馬韓倭)

대마국(對馬國)〈마한왜(馬韓倭)〉이 280년에 서진에 사신을 보낸다. 대마국(對馬國)은 마(馬) 명칭을 볼 때 마한이 건국한 것으로 볼 수 있다. 대마국(對馬國)을 건국한 시기를 사신 보낸 시기를 통해 짐작해 볼 수 있다.

태강원년(太康元年, 280년)을 시작으로 태희원년(太熙元年, 290년)에 이르기까지 〈280, 281, 286, 287, 289, 290년〉 마한이 9차례 서진(西晉)에 사신을 보낸다.

<진서(晉書) 동이열전 마한>

5. 백제왜(百濟倭) | 탐모라(耽牟羅)

5.1 고구려 광개토태왕 - 백제왜(百濟倭) 임나 종발성(從拔城)

AD401년 광개토태왕이 보병과 기병 50,000명으로 신라성(新羅城)의 왜를 쫓아내고 임나 종발성(從拔城) 〈금문도〉까지 추격하여 왜를 굴복시킨다.

임나 종발성(從拔城)〈금문도〉

용암사 신라성 - 금문도 종발성

5.2 임나일본부(任那日本府)

일본서기에 〈임나의 북쪽이 바다로 막혀 있다〉를 근거로 할 때 〈복건성 하문시 하문도(廈門島)〉와 〈금문도(金門島)〉가 임나일본부(任那日本府)(369~562)이다.

왜국(倭國) 5왕

왜 5왕 찬(讚), 진(珍), 제(濟), 흥(興), 무(武)는 탐라 백제왜(百濟倭) 왕(王)이다.
421년 찬(讚)이 송(宋)에 사절을 보낸다. 451년 송(宋)이 왜왕 제(濟)에게 〈安東將軍(안동장군)〉〈신라임나가라진한6국제군사안동대장군(新羅 任那 加羅 秦韓六國 諸軍事 安東大將軍)〉을 제수(除授)한다.

<일본서기>

주변 7개국〈왜(倭), 백제(百濟), 신라(新羅), 임나(任那), 가야(加羅), 진한(秦韓), 모한(慕韓)〉 스스로를 왜국왕이라고 한다.

5.3 신라 진흥왕 - 왜국 흠명(欽明) 임나일본부 궤멸

AD544년 3월 신라가 구례산(久禮山) 주변에 있는 탁순을 정복한 후 AD562년 신라 진흥왕이 임나를 공격하여 임나일본부 왜를 궤멸시킨다.

신라는 서강(西羌)으로 작고 추하며 3갈래 창과 쇠뇌를 갖고 임나를 업신여기고 잔학한 행위를 한다. (新羅西羌小醜 而新羅, 長戟强弩, 凌蹙任那, … 旣屠且膾)

<일본서기 562년 6월 흠명(欽明) 23년 기록>

562년 신라 진흥왕은 탐라를 굴복시킨 후 왜왕을 현상 유지하면서 영향력 행사만 한다.

6. 탐라국(耽羅國)

신라복속

663년 백제 부흥 운동이 실패하자 탐라국주(耽羅國主)가 신라에 항복하였다.

7. 고려(高麗) 탐라군(耽羅郡)

고려복속

938년 고려에 복속되었다.

1105년 고려 탐라군(耽羅郡)을 만든다.

1153년 고려가 탐라 현령을 파견한다.

1374년 고려 최영이 목호의 난을 진압한다.

8. 백제왜 패망 후

8.1 663년 백제왜<탐라, 대만> → 일본 나라현 천도

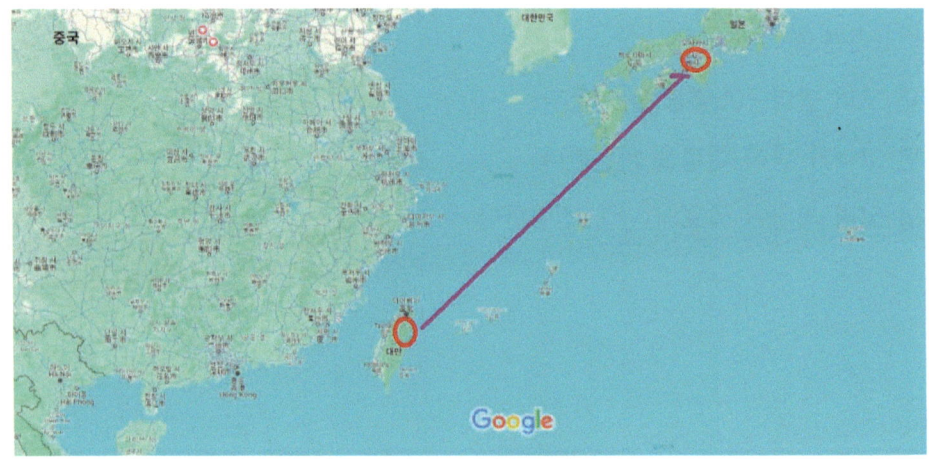

탐라 <대만> → 일본열도

8.2 하내국(河內國)

백제 개로왕과 고구려 장수왕이 긴장 관계가 되자 탐라 백제왜에 대한 지배력 약화를 우려한 개로왕이 탐라 백제왜 대신 일본열도 담로를 택한다.

461년 10월 부여곤지(扶餘昆支)가 백제 후왕(侯王) 자격으로 일본열도 내의 백제 담로 하내국(河內國)〈대판(大阪) 하내국왕(河內國王)〉으로 간다.

462년 6월 사마가 태어난다.

475년 백제 개로왕이 죽임을 당하자 문주왕이 웅진〈산동성 태안시(泰安市) 비성시(肥城市)〉으로 천도한 후 곤지가 귀국하여 내신좌평(內臣佐平)에 임명된다.

477년 4월 문주왕이 시해되고 7월 곤지가 암살당하고,

479년 11월 삼근왕(三斤王)이 암살당한다.

479년 모대가 하내국(河內國)에서 백제 웅진으로 와서 동성왕(東城王)이 된다.

501년 사마가 하내국(河內國)에서 백제 웅진으로 와서 무령왕(武寧王)이 된다.

하내를 포함하여 규슈(九州)와 동부 한 곳에 백제 담로가 있었다.

8.3 대화왜(大和倭)

일본 건국 준비 기간(663년~669년) 조정(朝廷)을 말한다.

663년 백제 부흥군이 백강구 전투에서 패하자 남아 있는 400척의 배로 백제 장군과 탐라 왕〈백제 후왕〉이 일본열도로 이주한다.

663년 천지왕(天智王)이 일본열도 여러 섬에 봉수대를 설치하고 신라에 배상금을 지급한다.

666년 고구려 왕자인 고약광(高若光)은 사절단으로서 일본열도에 파견된 후

668년 문무왕 8년 신라가 일본에 사신을 보낸다.

668년 9월 고구려가 멸망하자 일본에 남아 716년 7개 지역의 고구려인 1,799명을 고려군(高麗郡)으로 모아 용병과 메밀 농사로 정착한다.

8.4 일본천황국(日本天皇國) 건국

668년~671년 천지왕(天智王)이 전후(戰後) 처리를 한다.

672년~686년 천무천황(天武天皇)이 신라 문무왕의 승인으로 일본천황국(日本天皇國)〈천황(天皇) - 담로국(國) 체계〉을 건국한다.

〈백제왕의 사비성 후손, 일본 내 하내국왕 후손, 담로(擔魯) 후왕 후손, 탐라 백제왜 후손〉들에게 국(國) 지명의 영토와 왕의 지위를 유지시킨다.

일본서기

720년 일본서기(日本書紀)에 탐라 마한왜(280년?~369년)와 백제왜(369년~663년) 역사를 담는다.

11권
예맥만융(濊貊蠻戎)

1. 5대 10국 | 후량 개봉(開封)

희종 때 황소(黃巢)의 난(875년~884년)으로 장안과 낙양이 파괴된다.

황소의 난에 가담했던 주전충이 항복하고 황소를 물리치는 공을 세운 후 절도사의 지위를 얻는다. 903년에는 당나라 조정을 장악한다.

907년, 주전충은 후량을 하남성(河南省) 개봉시(開封市)에 건국한다.

2. 송(宋)

조관윤이 후주(後周) 황제로부터 선양을 받아 송(宋, 960년~1127년~1279년)을 개봉(開封)에 도읍으로 건국한다.

휘종 임헌(臨軒)

금나라 사신이 송나라에 가니 신라 사신 맞이하는 예법과 같이 휘종(徽宗)이 직접 헌(軒)에 나가서 〈인견(引見), 입견(入見), 임헌(臨軒), 인국서(引國書)〉한다.

휘종 압송

1126년 금나라가 북송의 수도 개봉(開封)을 점령한 후 1127년 1월 휘종을 금나라 상경회령부로 잡아간다.

임안(臨安) | 금나라와 평화협정

1127년 금나라가 개봉을 점령하자 송 고종이 임안(臨安)에서 남송을 건국한다.
1141년에 남송은 매년 은(銀)과 비단을 보내기로 금나라와 평화협정을 맺는다.

원(元) 쿠빌라이 칸 - 송 전쟁

1279년 원(元) 쿠빌라이 칸에 의해 멸망한다.

3. 후삼국 시대(後三國時代, 892년~936년)

견훤이 상주〈강소성(江蘇省) 상주시(常州市)〉에서 태어나 완산주 전주〈광서장족자치구(廣西壯族自治區) 계림시(桂林市) 전주현(全州縣)〉와 광주〈광동성(廣東省) 광주시(廣州市) 황포구(黃埔区)〉〈백월(白越)〉를 기반으로 후백제(後百濟)(892년~936년)를 건국한다.

후삼국 위치

개경(고려) - 개봉(송) - 합비(신라) - 전주(후백제)

3.1 후백제 <견훤> -고려 <왕건> 전쟁
{나주 전투+공산 전투+고창 전투+대우도 전투+해산성 전투}

금성(錦城)<나주(羅州)> 전투<동남풍>

903년 왕건이 100여 척의 배로 금성을 향해 출발하여 해도(海島)<홍콩섬> 출신 수달 <능창>이 지키는 고이도(古耳島)를 점령한 후 광주 인근 덕진포(德津浦)로 들어가서 금성산성(錦城山城)<광동성 양강시(阳江市) 양서현(阳西县) 해릉산(海陵山)><해릉도(海陵島)>을 동남풍을 이용하여 화공으로 공격한다.

{나주성(羅州城)<호북성(湖北省) 황강시(黃岡市) 기춘현(蘄春縣)>이 양자강에도 있기에 이 전쟁이 양자강에서 일어난 것일 수도 있다. 덕진포(德津浦)를 찾아야 실제 전장을 알 수 있다.}

나주(羅州)

나주〈해릉도(海陵島)〉 - 광주 - 홍콩

임존성 공격

925년 10월 고려 유금필은 연산진과 임존성까지 진격한다.

합비 공격

927년 11월 견훤이 신라 합비로 가서 경애왕을 죽이고 경순왕을 세운다.

팔공산 전투

927년 11월 팔공산(八公山)〈안휘성(安徽省) 회남시(淮南市) 팔공산구(八公山区) 팔공산진(八公山镇)〉에서 후백제 견훤(甄萱)과 태조 왕건(王建) 사이에 전투가 벌어져서 왕건이 승리한다.

929년 고창〈안동〉 - 932년 대우도 - 933년 해산성

3.2 후백제 견훤 – 고려 왕건 고창 전투

고창 전투

930년 1월 왕건의 부대가 고창(古昌)〈안동〉〈복건성(福建省) 복주시(福州市) 고루구(鼓樓區)〉전투에서 견훤의 20,000명 군사를 무찌른다.

견훤은 후퇴하면서 순주성(順州城)〈광동성 광주시 증성구(增城区) 순주(順州)〉을 공격하고 그곳 주민을 전주(全州)〈광서장족자치구(廣西壯族自治區) 계림시(桂林市) 전주현(全州縣) 전주진(全州镇), 봉황향(凤凰乡)〉로 이끌고 간다. 왕건이 순주성(順州城)을 회복하고 순주(順州)를 하지현(下枝縣)으로 강등시킨다.

임해전 잔치

931년 2월 왕건이 50인을 데리고 신라 합비로 가서 3개월을 머문다. 임해전에서 잔치를 연다.

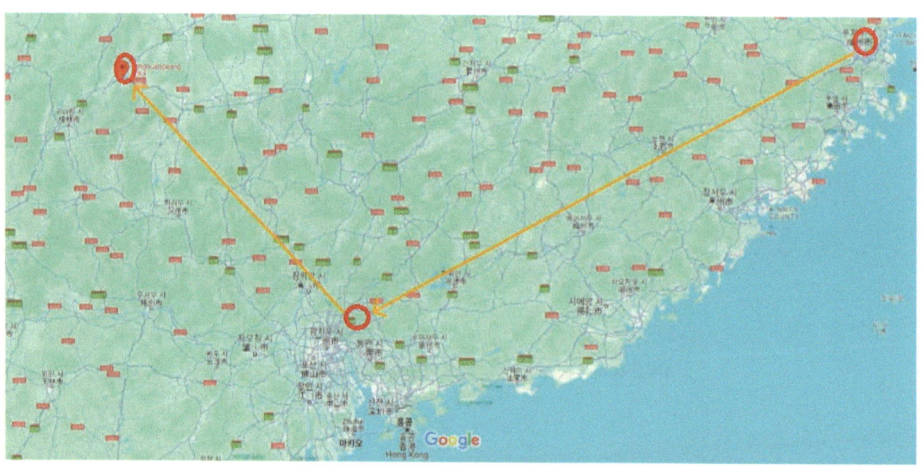

고창〈안동〉〈복주시〉 → 순주성〈광주시 증성구〉 → 전주현 봉황향

3.3 후백제 – 고려 개경 공격

개경 공격<예성강 공격>

932년 9월 신검과 상귀(相貴)가 개경 공격을 위해 수군으로 예성강(禮成江)에 침입하여 화공으로 고려 수군 배를 공격한 후 개경을 공격하였으나 패퇴한다. 염주(鹽州) 백주(白州) 정주(貞州)에서 고을의 배 100척을 불사르고 저산도(猪山島)에서 기르던 말 300필을 취하여 돌아왔다.

대우도(大牛島)

932년 겨울 10월 견훤의 해군 장군 상애(尙哀) 등이 대우도(大牛島)<산동성(山東省) 위해시(威海市) 영성시(荣成市)>를 공격한다.

해산성(海山城)

933년 5월 신검이 해산성(海山城)<산동성 청도시(青岛市) 시북구(市北区) 요녕로가도(辽宁路街道)>을 공격한다.

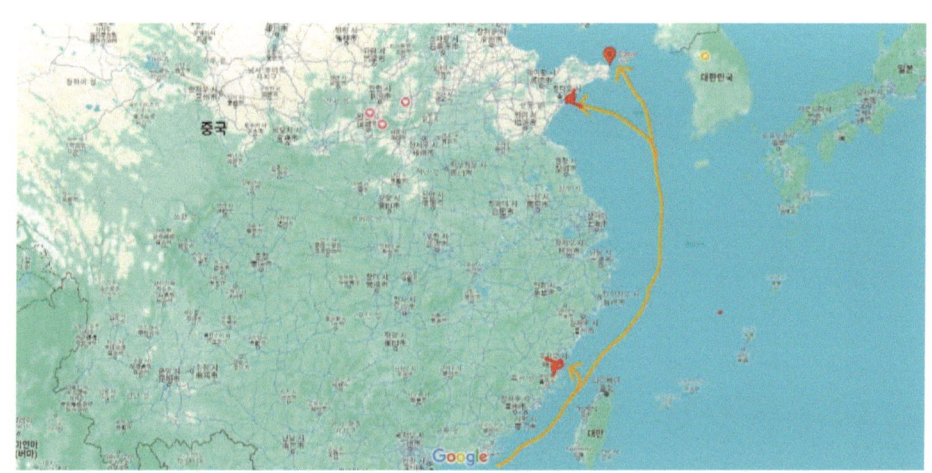

932년 대우도 – 933년 해산성

운주성(運州城)

934년 대광현〈대인선 아들〉이 수만을 거느리고 고려〈왕건〉로 투항,

934년 9월 왕건이 유금필과 5,000명 병사를 거느리고 운주성(運州城)〈태안시(泰安市) 동평현(东平县) 신호진(新湖镇)〉에서 견훤의 5,000명 군사와 싸워 크게 이기자 웅진(熊津) 이북의 30여 성(城)이 항복하였다.

4. 고려(高麗)

개경(開京)

고려(936년~1368년~1392년) 개주(開州) 개경이 고구려 현도이고 동도인 봉황성(鳳凰城)〈형태시 영진현(宁晋县) 봉황진(鳳凰鎭)〉이다.

산동성 유성시 개경

고려 마지막 수도는 유성시 임청시(臨淸市)이다. 고려 말 홍건군 당시 개경 위치는 알 수 없기에 〈산동성 유성시(聊城市) 동창부구(东昌府区)〉를 개경 위치로 이 책에서 고정한다. 산동성 개경 어화원(御花苑)에는 귤나무가 있다는 기록이 있으나 황해도 개성은 추위로 귤이 자랄 수 없다.

고려 남경(南京)

1067년 강소성(江蘇省) 양주(楊州)에 고려 남경(南京) 궁궐을 건설한다.

4.1 경순왕 | 경주(慶州)

경순왕 입조(入朝)

935년 10월 경순왕이 입조를 요청하였다. 11월 3일 경순왕이 왕도를 떠날 때 수레와 보마가 30리다. 935년 12월 12일 신라 경순왕이 뜰에서 알현한다.

그 지역을 경주라고 하여 김부의 식읍으로 하사하고 장녀 낙랑공주를 아내로 주었다.

4.2 고려 왕건, 견훤 – 후백제 신검 전쟁

936년 음력 9월 견훤을 앞세운 왕건의 공격으로 신검이 항복하여 후백제는 패망하였다.

4.3 고려(성종)<서희> – 요(성종)<소손녕> 전쟁

강동 6주 획득

993년 요나라(거란)의 침입 때 서희가 소손녕과 담판하여 북평 인근을 흐르는 영정하와 조백하를 기준으로 하여 동쪽 280리 거리 안의 강동 6주를 통제한다.

영정하 조백하 내(內) <통주> 강동 6주 추정 위치

고려영(高丽营)

<북경시(北京市) 순의구(順义区) 고려영진(高丽营镇)>이다.
강동 6주와 동북 9성을 총괄 관리했을 것이다.

4.4 천리장성 축성 | 유소

1031년 성종 사망으로 요와의 전쟁이 종식된 후 고려 덕종 때 유소가 시작하여 정종 때〈1033년~1044년〉까지 천리장성을 쌓는다. 성벽의 높이와 폭이 각 25자〈7m 정도〉이다.

출발지가 영원성(宁远城)〈요녕성(遼寧省) 호로도시(葫蘆島市) 흥성시(兴城市)〉이고 도착지가 삭성(朔城)〈산서성(山西省) 삭주시(朔州市) 삭성구(朔城区)〉으로 거리가 600km이다.

혼일강리역대국도에 북경을 지나는 검정색으로 그려져 있다.

현재 산해관에서 시작하는 장성과 동일 위치다.

혼일강리역대국도

1381년 명나라가 장성을 산해관(山海關)으로 연장하기 전, 원과 고려가 간행 준비한 지도를 근거로 1402년 태종이 간행한다. 1405년 정화 대원정 전이다.

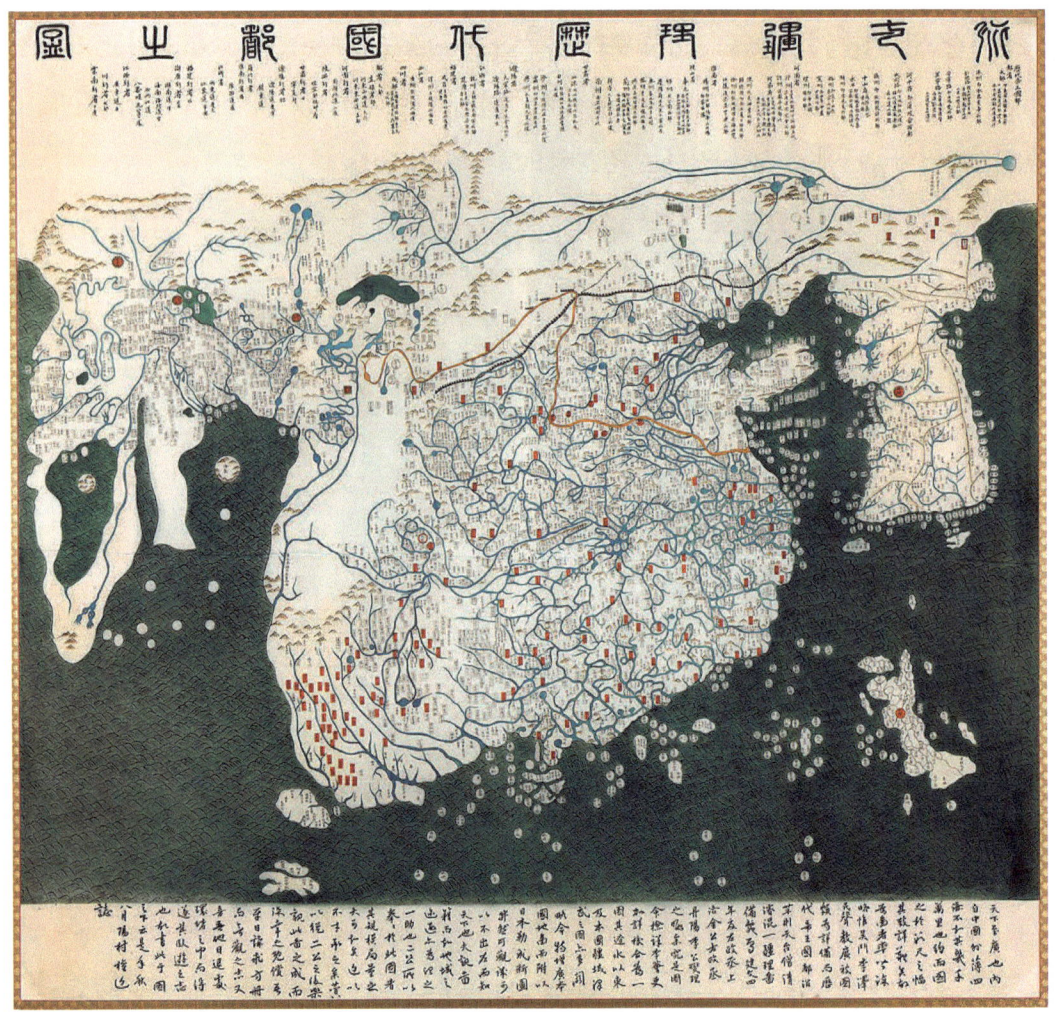

**북경을 지나는 검정색이 천리장성이다.

4.5 동북 9성 축성 | 윤관

1107년 윤관이 17만을 이끌고 천리장성 동북방의 여진족을 정벌하고 9성〈함주, 복주, 영주, 길주, 웅주, 통태진, 진양진, 숭녕진, 공험진〉을 수축한 후 1109년 공험진에서 여진에게 참패를 당한다. 9성 위치를 조양시(朝陽市), 부신시(阜新市), 금주시(錦州市)로 추정해 볼 수 있다. 여진과 요하(遼河)를 경계로 한다.

천리장성〈삭성(朔城)〈산서성 삭주시(朔州市)〉 - 영원성(寧遠城) 600km〉 -
동북 9성〈조양(朝陽), 부신(阜新), 금주(錦州)〉 - 요하(遼河)

4.6 고려(현종)<강조> - 요(성종) 통주 전투

1010년 거란 성종이 침공하자 강조는 고려군 30만을 이끌고 통주에 주둔한다. 거란 성종은 흥화진을 거쳐서 20만으로 통주로 진격하여 강조를 잡아 죽이고 서경을 지나 개경을 공격해 함락하고 회군한다.

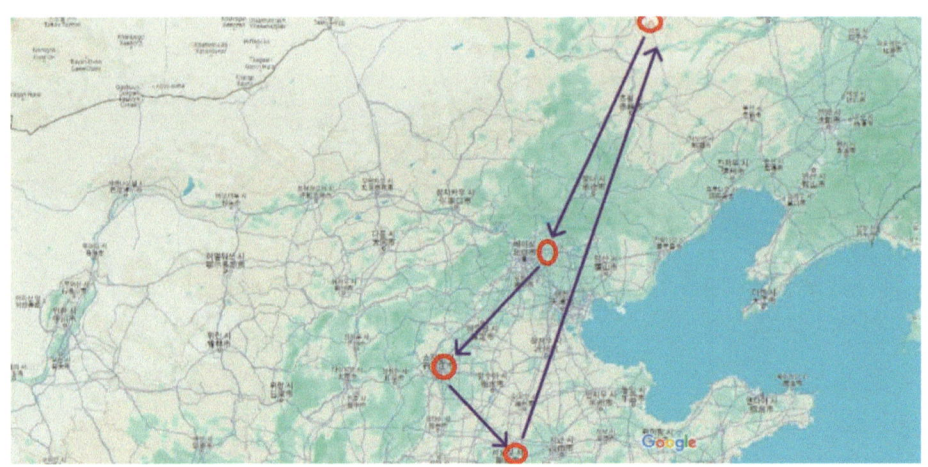

상경 임황부〈적봉〉 - 통주〈북경〉 - 서경〈석가장〉 - 개경〈유성〉

4.7 고려(현종)<강감찬> – 요(성종)<소배압> 귀주(龜州) 전투

1018년 12월 소배압이 10만 대군으로 다시 고려를 침공하였으나 강감찬이 소배압을 추격한다. 그가 석가장시 북쪽으로 도주 중에 호타하(滹沱河)<타하(陀河)>를 건너면서 공격당하고 귀주<하북성(河北省) 정주시(定州市)>에 들어서면서 벌판에서 전투로, 이후 대사하(大沙河)<다하(茶河)>를 건너가면서 잔당이 소탕된다. 북쪽 당하(唐河)를 건너 2,000명만 살아서 거란으로 도주한다.

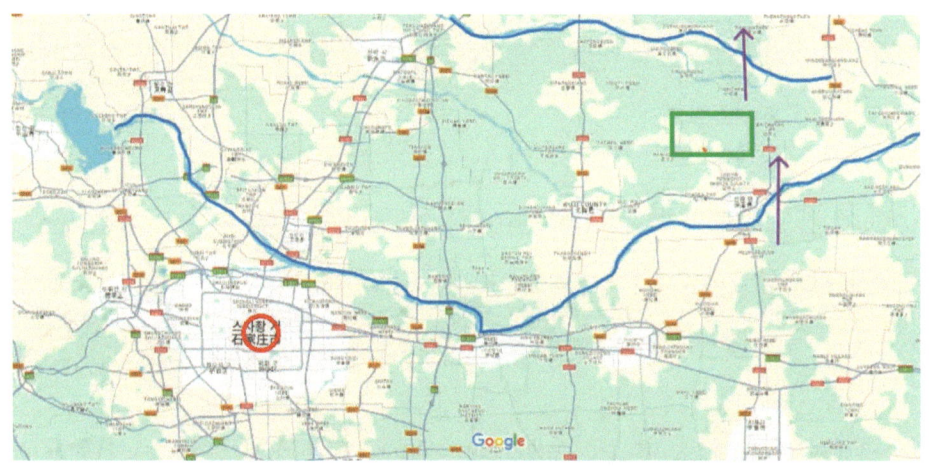

석가장시 – 호타하<타하(陀河)> – 귀주벌판 전투 – 대사하<다하(茶河)>

4.8 강화도(江華島) | 해문도 | 탐라

1231년 오고타이 칸은 살리타를 보내 고려의 수도 개경을 포위한 후 다루가치 72명을 배치하고 철수하였다.

1232년 최우가 6월에 군대를 강화로 보내 궁궐을 짓고, 7월 고종과 최우가 함께 을유(乙酉)에 승천부에 머물고 병술(丙戌)에 강화도(江華島) 객관에 도착한다.

민원 행정 처리를 위해 행정관청 강도(江都)〈강소성(江蘇省) 남통시(南通市) 통주구(通州区)〉를 육지에 두었으나 규모가 커지자 〈강소성(江蘇省) 양주시(揚州市) 강도구(江都区) 강도진(江都镇)〉으로 확장 이전한다.

대청광여도에 강도(江都)와 해문도(海門島)가 같이 그려져 있다. 지금은 해문도(海門島)가 토사로 육지〈강소성(江蘇省) 남통시(南通市) 계동시(启东市)〉가 되었다. 강도(江都)를 기준하면 해문도를 당시 강화도로 볼 수 있다.

1388년 박의중이 받아 온 명나라 주원장의 자문(咨文)에 의하면 원(元)에 의해 고종이 탐라에서 1259년 죽었다고 한다. 〈탐라포살(耽羅捕殺)〉 강화도가 탐라일 수 있다는 근거가 된다.

추측하면 해문도에서 탐라로 왕 일행이 배로 이동했거나, 아니면 애초에 강도 위치와 관계없이 탐라로 이동했을 수 있다. 진실은(?)

해문도〈계동시(启东市)〉〈강화도〉 - 강도〈통주〉 - 강도〈양주부〉

4.9 원 - 고려 화주 쌍성총관부(雙城摠管府) 설치

1258년 몽골이 화주에 이르자 조휘와 탁청 등이 등주 부사 박인기, 화주 부사 김선보 및 동북면 병마사 신집평을 죽이고, 철령 이북의 땅을 바치며 몽고에 투항한다. 원나라가 화주(和州)〈안휘성(安徽省) 마안산시(马鞍山市) 화현(和县) 역양진(历阳镇)〉에 쌍성총관부(雙城摠管府)를 설치한다.

합비 - 화현〈쌍성총관부〉 - 남경 - 상해

불개토풍(不改土風)

1259년 고종이 죽어 원종이 몽골에게 항복하려고 강도를 나오자 몽골 몽케 칸이 사망한다. 원종이 쿠빌라이 칸을 지지하자 쿠빌라이 칸은 보답으로 세조구제(世祖舊制)라고 하는 불개토풍(不改土風)〈고려의 국체와 풍속을 보존하라〉 명을 내렸다.

4.10 원 - 고려 동녕총관부 설치

1269년(원종 10년) 서북면 병마사의 기관(記官)인 최탄(崔坦) 등이 난을 일으켜 서경을 비롯한 북계(北界)의 54성과 자비령(慈悲嶺) 이북 6성을 들어 원나라에 투항하였다.

1270년(원종 11년) 쿠빌라이 칸은 자비령 이북의 영토를 직속령으로 모두 원나라에 편입하고 서경〈석가장시 영수현(灵寿县)〉에 동녕총관부를 설치하고 북계 54성과 자비령(慈悲嶺) 이북 6성을 관할한다.

최탄을 총관(摠管)에 임명한다.

동녕총관부

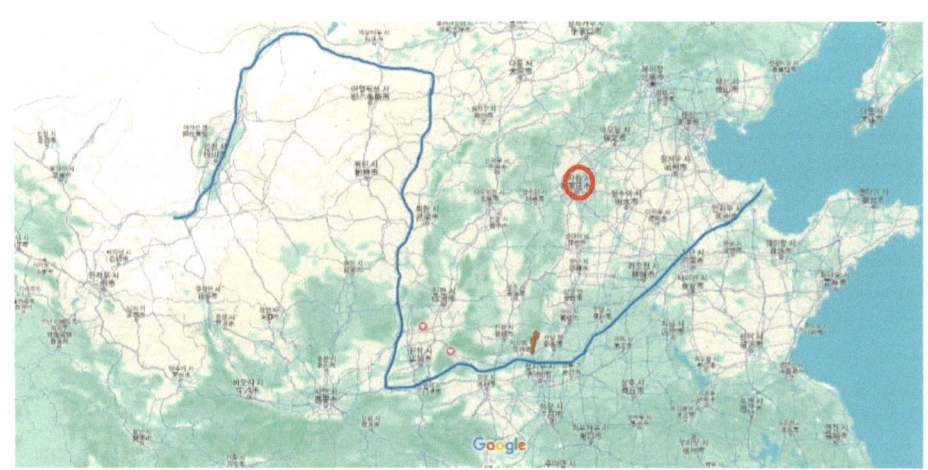

석가장시

4.11 서경 동녕총관부 & 탐라총관부 수복

1274년 제국대장 공주와 혼인하고 6월 충렬왕이 되었다. 충렬왕에게도 쿠릴타이에 참석할 자격이 주어졌으며 1290년에 원이 동녕부를 심양〈요동(遼東)〉으로 옮기고 서경을 고려에 돌려주었다. 탐라총관부를 반환받았다. 1294년 쿠빌라이 칸이 사망한다.

석가장시〈서북면〉〈동녕총관부〉〈서경〉 - 탐라총관부(대만)

4.12 고려 충선왕이 원 심양왕이 된다

1307년 원나라의 성종이 죽자 충선왕은 무종을 지원한다.

1308년 원(무종)이 고려(충선왕)에게 원(심양왕) 직위를 주었다.

4.13 {고려(공민왕)+원(순제)} - 홍건군 장사성 고우성 전투

1354년 원나라 탈탈이 연경의 고려 군사 23,000명을 선봉에 세우고 고려 최영의 군사 2,000여 명이 사주(泗州)〈강소성 회안시(淮安市) 우이현(盱眙县) 사주성(泗州城)〉와 화주(和州)〈안휘성(安徽省) 마안산시(马鞍山市) 화현(和县)〉〈쌍성총관부 총관 지역〉로 가서
1. 장사성의 고우성(高邮城)〈양주시(扬州市) 고우시(高邮市)〉을 공격하고,
2. 육합성(六合城)〈남경시(南京市) 육합구(六合区)〉을 함락한다.
3. 회안성(淮安城)〈회안시(淮安市) 회안구(淮安区)〉을 방어한다.

홍건군 장사성이 사주(泗州)와 화주(和州)의 군사를 동원하여 8,000척의 배가 강가에 위치한 회안성(淮安城)을 포위하고 공격한다.

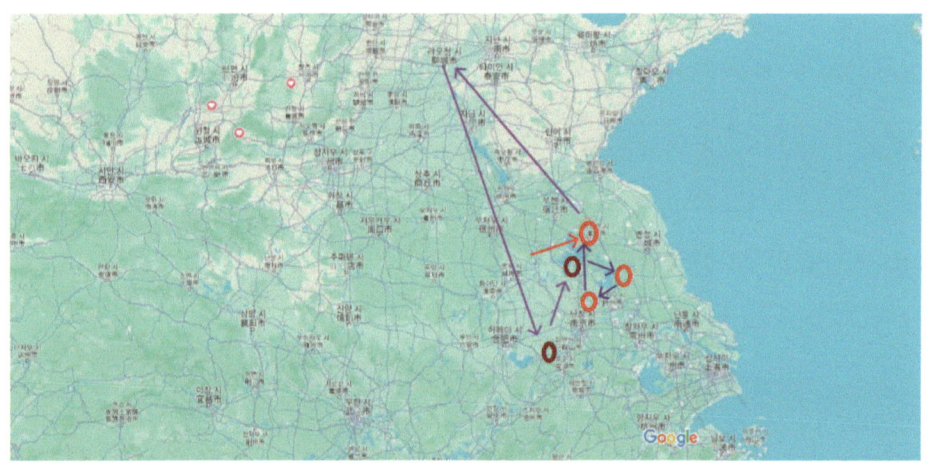

개경〈유성시〉 - 양주시〈고우성〉 - 남경시〈육합성〉 - 회안시〈회안성〉 - 개경
화현〈화주〉 - 회안시 우이현〈사주성〉

4.14 고려 공민왕 이자춘 – 원 순제 쌍성총관부(雙城摠管府) 수복

1354년 최영이 회안성 전투를 최영이 공민왕에게 쌍성총관부 공격이 가능하다고 보고한다.

1356년 공민왕이 99년간 원나라에 빼앗겼던 쌍성총관부를 공격하자 이자춘과 이성계가 성문을 열고 고려에 항복한다. 이 공로로 이자춘이 동북면상만호(東北面上萬戶)로 임명되고 이성계가 대를 이어 동북면상만호(東北面上萬戶)가 된다.

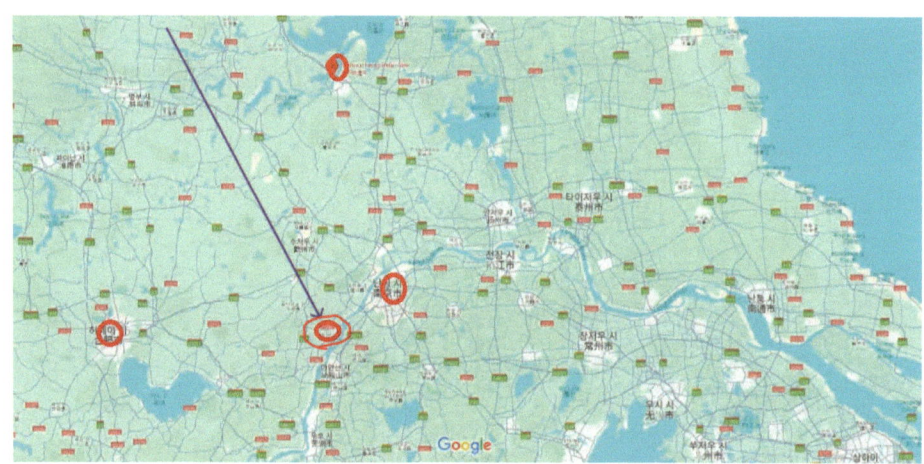

개경 → 화주, 양자강

4.15 고려(공민왕) 이성계 – 원(순제) 나하추 쌍성(雙城) 전쟁

1362년(공민왕 11년) 2월 원 나하추가 쌍성총관 조소생과 수만 명의 군대를 이끌고 쌍성을 탈환하려고 공격한다. 고려에서는 이성계를 동북면 병마사(東北面兵馬使)로 임명하여 이를 격퇴한다.

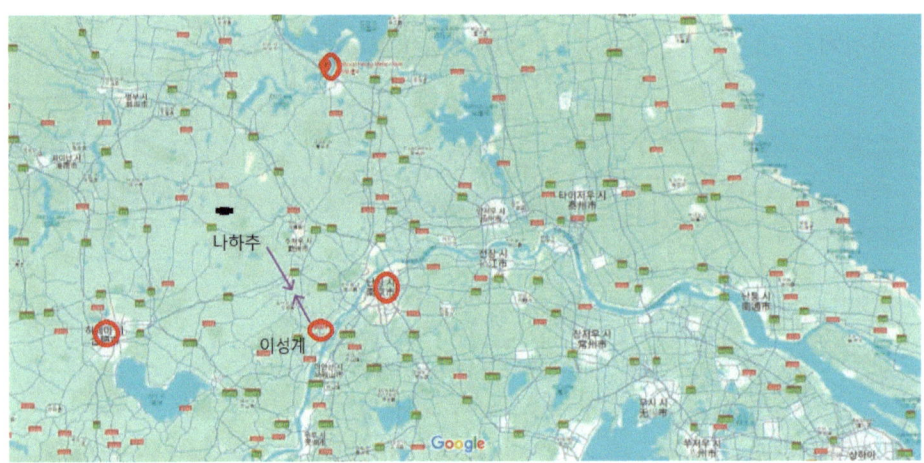

합비 – 소호(巢湖) – 화주 〈이성계 | 나하추〉 – 양자강 – 남경

5. 명(明) | 오(吳)

5.1 홍건군 – 고려(공민왕) 서경(西京) 전쟁

1359년 원나라가 개봉을 탈환하자 홍건군이 요동으로 도주한다. 12월 홍건군 4만 명이 고려 서경을 함락한다. 1360년 1월 고려군은 함종(咸從)에서 홍건군 2만 명을 죽이고 20일 만에 서경을 탈환한다.

원나라 개봉 – 고려 서경(석가장시 장안구) –고려 개경(유성시)

5.2 홍건군(주원장) - 고려(공민왕) 개경 탈환 전쟁

1361년 11월 홍건군 20만 명이 개경을 공격하려 하자 공민왕이 복주(福州)〈복건성(福建省) 복주(福州)시 고루구(鼓樓區)〉로 피난 간 후 1362년 1월 이방실, 최영, 이성계가 20만 병력을 모아 개경을 포위 탈환한다. 주원장의 홍건군 20만의 절반이 전사한다. 1362년 11월에 공민왕이 개경에 돌아온다.

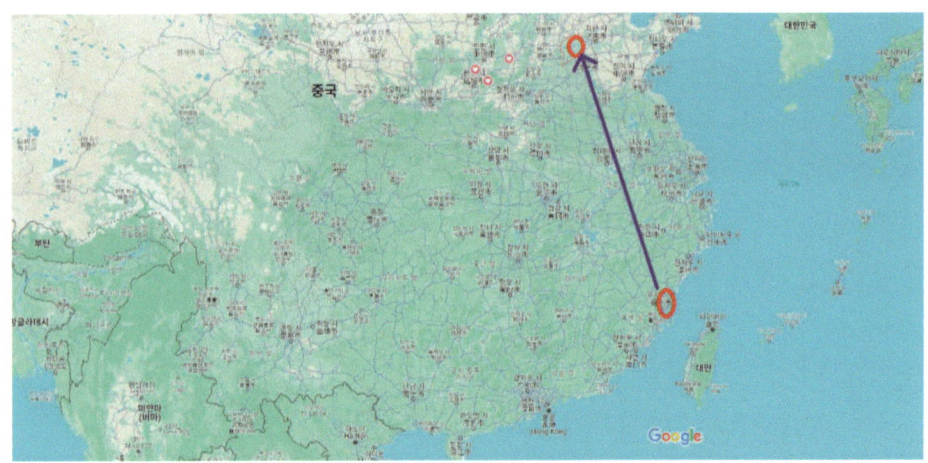

개경〈유성시(?)〉 - 복주〈복건성(福建省) 복주(福州)시〉

5.3 홍건군 주원장 – 원 순제 대도 전쟁

1368년 홍건군이 원나라 대도를 점령하고 궁을 불태운다.

1369년 주원장이 남경에서 명(明)을 건국한다. 원나라 영토를 승계한다.

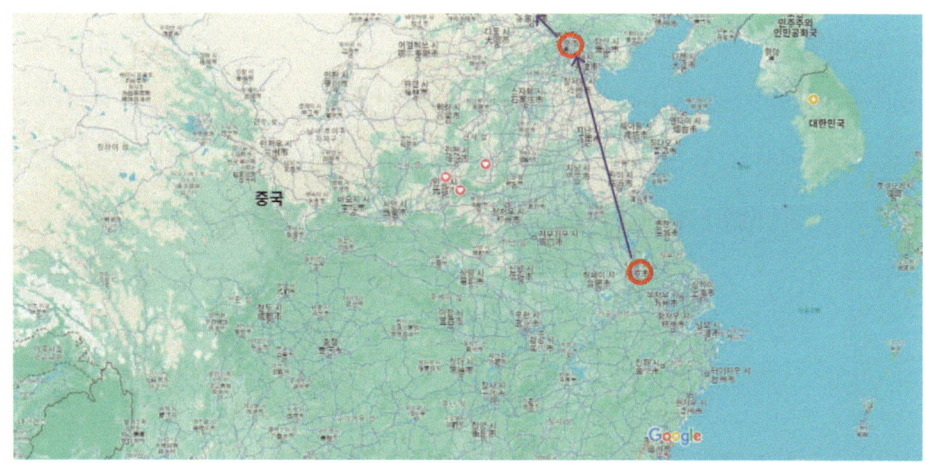

남경 – 북경〈대도〉

6. 개성(開城) 고려(高麗)

6.1 역사 격변기

1368년 나라의 대도(大都)가 홍건군에게 함락되고 원나라가 응창(應昌)으로 가서 북원을 세우고, 1368년 주원장이 남경에서 명(明)을 건국하고, 1368년 고려 공민왕은 최영, 이성계, 정몽주, 정도전 등등 수많은 관료와 고려 유민을 이끌고 개경(開京)〈산동성 유성시 임청시(臨清市)〉에서 1,350km 거리의 한반도 개성(開城)으로 천도한다.

산동성 개경 어화원(御花苑)에는 귤나무가 있다는 기록이 있으나 황해도 개성은 추위로 귤이 자랄 수 없다.

1368년 개경(開京)〈임청시(臨清市)〉 - 개성(開城)

주원장 새서(璽書)

1370년 5월 개성 고려 사신 성준득이 명나라 황제 주원장으로부터 받아 온 새서(璽書) {성곽이 있느냐? 갑병(甲兵)은? 왕의 거처는?} 〈거처는 있으나 정사를 볼 곳이 없습니다.〉 {관복(冠服)과 대통력(大統曆)을 보내겠다.}

<고려사절요>

개경 고려 영토 계승 유지

1368년 명나라가 원나라 북경을 정복하고 원나라 영토를 승계한다.
1368년 고려 공민왕이 〈정몽주, 정도전, 최영, 이성계, 이색…… 등〉과 함께 고려 개경에서 한반도 개성으로 천도한다. 〈쌍성총관부, 동녕총관부, 탐라총관부, 고려 5악〉 영토를 지킨다.

고려 5악(五嶽)

공민왕이 지정한 고려 5악은 중악〈하남성 숭산(嵩山)〉, 동악〈산동성 태산(泰山)〉, 서악〈섬서성 화산(華山)〉, 남악〈호남성 형산(衡山)〉, 북악〈산서성 항산(恒山)〉이다.

항산 – 화산 – 숭산 – 태산 – 형산

6.2 개성 고려 공민왕 이인임, 이성계 – 원 혜종(惠宗) 기철 4남 동녕부 전투

1370년 1월 원나라 평장사인 기철의 4남이 부친 원수를 갚겠다고 동녕부에서 군사를 모아 고려를 침공하려 하자 공민왕이 이인임과 이성계를 보내 요동의 동녕부〈심양〉를 진압한다.

개성 – 심양

6.3 개성 고려 이성계 – 명 주원장 쌍성 전쟁

철령위(鐵嶺衛) 설치

1. 1387년 12월 명나라 주원장이 호부(戶部)에게 철령의 북과 동서가 개원에 속했으니 명나라 호부가 통치하라고 명(命)하고 남쪽〈양자강 이남〉은 고려왕이 통치하라고 자(咨)한다. (命戶部咨高麗王 鐵嶺北東西之地 舊屬改元者 遼東統之 鐵嶺之南 舊屬高麗者 本國統之 各正疆境 母侵越)

<明史 列傳 조선>

2. 1387년 12월과 1388년 4월 사이에 철령위 설치가 봉집현(奉集縣)으로, 다시 함경도 북단으로 변경된다.

3. 철령위가 다시 변경된 사실을 모르고, 1387년 12월 철령위 설치에 대한 대응으로 1388년 4월 고려 우왕이 요동 정벌을 명한다.

화주 쌍성총관부 철령위

화주 – 철령위 – 양자강 – 남쪽

6.4 위화도회군

1388년 우군 도통사 이성계가 위화도에서 장마로 진군이 어려워지자, 개성으로 회군하여 5월에 우왕과 최영을 처단한다. 6월 사신 박의중을 명(明)에 보낸다.

요동 | 화주 공격로

개성에서 2,000km 거리다.

개성 – 심양 – 요동 – 화주

6.5 주원장 자문

주원장이 탐라총관부에 원 백성이 계속 살도록 했으면 좋겠다고 한다. 즉 명이 가져간다. 주원장이 자문(咨文)을 내린다.

{

역신이 왕을 죽여 절교를 명했는데, 여러 차례 청을 하여 교통을 허락하였다. 누가 조공하라고 했는가. 저희가 조공한다고 하고는 5번이나 명을 무시한 행위를 한다. 철령의 땅에 대해서는 고려왕도 할 말이 있겠지만, 탐라섬은 원나라 후손이 계속 살게 하는 것이 좋겠다. 〈강탈〉
조민수와 이성계에게 〈충근양절 선위동덕안사공신〉의 호를 내린다.
문주, 화주, 고주, 정주 등이 원래 고려 땅이라고 주장하니 좀 더 살펴보겠다. 〈철령(鐵嶺)에 입위(立衛)를 의(議)한다〉

}

본국통지(本國統之)

문주, 화주, 고주, 정주가 고려 땅이라고 주장하니 협상이 중지된 것이다.
철령위 남쪽은 고려에서 통치하라(舊屬高麗者 本國統之)고 하였으니, 그 선에서 협상했더라면 남쪽 땅 복건성을 비롯하여 절강성, 광동성, 광서성은 고려에서 본국통(舊屬高麗者 本國統之)하였을 것이다. 이 지역은 통일신라 시기 후백제의 영역이고 고려와 후백제가 전투한 지역이다.

철령위 설치(鐵嶺衛 設置)

1987년 12월 명나라 주원장 命戶部咨高麗王
鐵嶺北東西之地 舊屬改元者 遼東統之
鐵嶺之南 舊屬高麗者 本國統之 各正疆境 母侵越

명사 권320 열전208 외국1 조선

7. 한양 조선(朝鮮)

이성계 가계 | 쌍성총관부 천호장

원(元)에서 4대조 목조(穆祖) 이안사〈이행리-이춘-이자춘-이성계〉를 위해 1255년 금패(金牌)를 내려 주어 개원로 남경(南京) 알동천호소(斡東千戶所) 수천호(首千戶)와 다루가치(達魯花赤)를 겸하게 하였다.

화령은 이성계의 고향 화주(和州)〈안휘성(安徽省) 마안산시(马鞍山市) 화현(和县) 역양진(历阳镇)〉이다. 이자춘은 〈남경, 천호소 알동〉에서 태어났고 이성계의 본관은 〈광서 장족자치구 계림시(桂林市) 전주현(全州县)〉이다.

<태조실록 1권> 1431년 하륜 포함 12인 편찬

주원장의 자문 | 조선(朝鮮)

1392년 7월 이성계가 즉위한 후 윤12월 명 주원장의 자문〈동이는 조선이란 이름이 제일 아름답다〉을 받아 국명을 조선(朝鮮)으로 정한다.

7.1 조선 (세종) 최윤덕 – 건주여진 서간도 전투 | 간도면(間島面)

1433년 4월 조선 세종 때 15,000명의 병사와 최윤덕을 보내 〈혼강〉 일대의 여진족을 평정한 후 환인〈요녕성(遼寧省) 본계시(本溪市) 환인만족자치현(桓仁滿族自治縣) 환인진(桓仁鎭)〉〈간도면(間島面)〉에 조선인을 이주시킨다.

7.2 조선(세종) 김종서 – 야인여진 동간도 전투 | 6진 설치

1437년 김종서를 보내 두만강 일대의 여진을 평정한다. 6진을 설치한다.

동간도 | 서간도

7.3 조선 성종 – 명 헌종 개주위(開州衛) 설치 상언(上言)

1481년 무오 성종 12년 10월 17일 남원군 양성지가 명이 개주(開州)에 위를 설치한다는 것에 대해 상언(上言)한다.

개주는 봉황산(鳳凰山)에 의거하여 성(城)을 이루었는데, 산세가 우뚝하고 가운데에 대천(大川)이 있으며, 3면이 대단히 험하고 한 면만이 겨우 인마(人馬)가 통하는 이른바 자연히 이루어진 지역이므로, 한 사람이 관(關)을 지키면 10,000명이라도 당해 낼 수 있는 것입니다. 당 태종(太宗)이 주둔하여 고려(高麗)를 정벌하였고

<성종실록>

개주(開州) 영진현 – 한양 서울

** 놀라운 기록물이다. 당시 일반 백성들이 이렇게 1,000km 먼 거리에 개주 봉황산을 알고, 당 태종과 고구려 전쟁 위치를 알고 있고, 또한 그 지역이 조선 영토라는 것을 알고 있는 것이다.

7.4 조선 (선조) 송상현 – 일본 (풍신수길) 소서행장 동래성 전투

동래성 전투

1592년 3월 1일 명호옥(名護屋)〈일본 구주 좌하현(佐賀縣) 당진시(唐津市) 진서정(鎭西町)〉을 출발하여 대기도(壹岐島)를 거쳐 대마도로 간 후 4월 13일 가덕도를 지나 부산포로 가서 4월 14일 동래성을 공격한다.

부산 동래성 전투(東萊城戰鬪)를 시작으로 임진왜란(1592년~1597년)이 시작된다.

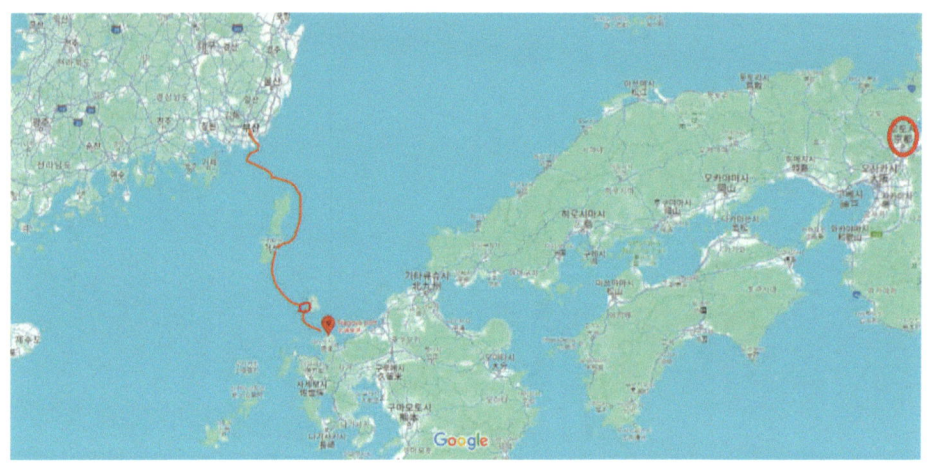

명호옥(名護屋) – 대기도(壹岐島) – 부산포 – 동래성

7.5 {조선 (선조) 이순신, 명 신종(神宗) 진린(陳璘)} - {일본 시마즈 요시히로} 노량해전

노량해전(露梁海戰)

1598년 12월 16일 이순신(李舜臣, 1545~1598)이 〈경상우도 남해현〉〈경상남도 남해군 설천면 덕신리, 고현면 차면리〉 앞바다 노량해협에서 일본의 시마즈 요시히로(島津 義弘) 500척 함대와 치른 임진왜란 7년의 마지막 전투이다.

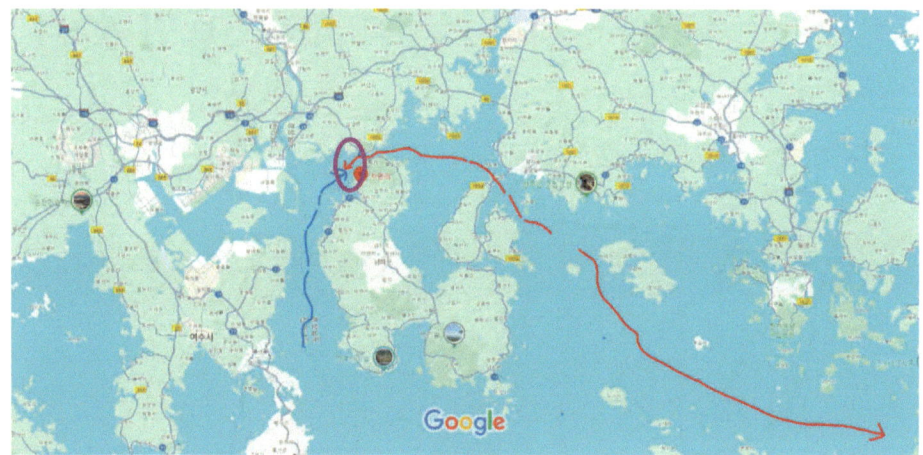

노량해협

7.6 조선 (광해군) 강홍립 – 건안여진 (누르하치) 부차<환인> 전투

1618년 조선이 흥경 남쪽 심하(深河) 전투와 부차(富察) 전투 참전을 위해 환인 지역 〈환인만족자치현(桓仁滿族自治縣)〉까지 진격하지만 강홍립의 조선군은 식량 부족으로 누르하치에게 투항한다.

강진 – 압록강 – 혼강 – 환인

12권
예맥만융(濊貊蠻戎) 한반도 무덤군

1. 고인돌

BC2000년경에 만들어진 고인돌이 골란고원에 5,000기가량 발견된다. 신강 지역의 BC2000년경 미라에서 켈트족(Celts) 유전자가 나온다.

이를 근거로 켈트족(Celts)이 골란고원을 지나 고비사막을 건너 만주로 이동했다고 볼 수 있다. 한반도에 대략 고인돌 40,000기가 만들어진다. 평양 인근 상원군 정리 1호 고인돌 출토 청동 방울의 연대측정 결과는 BC3000년경이다. 한강 변 양수리에 있는 고인돌 연대가 BC2235년경이다. 이들 자손이 한반도 거주하고 있는 우리다.

2. 삼국 무덤

고구려, 신라, 백제가 선조들을 도굴 피해를 막기 위해 안전한 곳에 무덤을 만든다. 국가 위치는 도성에서 찾아야 하고, 무덤군과는 관련이 없다.

집안(集安) 무덤군

집안(集安)이라 이름하고 동구고묘군(洞溝古墓群)〈길림성(吉林省) 통화시(通化市) 집안시(集安市) 청석진(青石鎭)〉에 무덤을 만든다.

고대 고구려 묘지는 유네스코 세계유산으로 등록되어 있다.

송산리 공산성 고분군

송산리 공산성에서 무령왕릉이 발굴되었는데 무덤 양식이 양나라이고, 양나라 벽돌이라고 한다. 유네스코 세계유산으로 등록되어 있다.

경주 오릉(五陵)

경상북도 경주에 있는 스키타이 쿠르간(Kurgan)이다. (사적 172호)
신라에 내물왕이 등장하고, 성한왕이 기록으로 나타나는 시기다. 스키타이와 이들이 어떤 관계인가는 명확하지 않지만, 신라에 스키타이가 들어온 것으로 보인다.
절강성(浙江省) 신라산(新罗山)에 신라 국왕묘가 있다.

3. 영산강 유역, 송파, 김해

- 신라 연오랑세오녀 설화
- 북부여 멸망
- 369년 근초고왕 복건성의 마한, 가야, 탐라 정복
- 광개토태왕 종발성 정복
- 신라 진흥왕 임나일본부 정복
- 백제왜 백강 전투 패배

이후 복건성, 광서성, 광동성에 거주하던 마한, 변진한, 가야인이 한반도 영산강, 김해, 일본열도로 이주하여 무덤군을 남긴다.

영산강 유역 고분들

영산강 유역에는 사다리꼴 모양, 둥근 모양, 네모 모양, 장고 모양 등 다양한 형태의 고분이 있다.

몽촌토성 무덤군

백제 근초고왕과 근구수왕으로 추정되는 무덤을 남긴다.

대성동 고분군

346년 부여 멸망 후 동복(銅鍑)이 나오는 대성동 고분군을 남긴다.

금관가야 고분군

AD532년 신라 법흥왕에게 금관가야가 멸망한 후 천주시를 흐르는 낙강(洛江)〈복건성 천주시(泉州市) 낙강구(洛江區)〉 이름을 김해로 가져와서 낙동강(洛東江)이라 이름 짓고 금관가야를 한반도에서 이어 간다. 허황후 설화가 이때 만들어진다. 이때 만들어진 무덤군이다.

대가야 고분군

AD562년 신라 진흥왕에게 대가야가 멸망함으로써 복건성 가야 시대는 종말하고, 대가야 월광태자(月光太子)가 한반도 고령군으로 이주한다. 이때 만들어진 무덤군이다.

아라가야 무덤군

경상남도 함안군 가야읍 말이산 고분군은 200여 기가 있다. 5C 무덤군으로 추정된다.

천주시(泉州市) 낙강(洛江) - 1,000km - 영산강 나주 - 김해시(金海市) 낙동강(洛東江), 고령군